Kurt Tepperwein

Lebenslust
statt
Alltagsfrust

*... damit die Sonne
wieder scheint ...*

Brandheiße Infos finden Sie regelmäßig auf:
www.facebook.com/AMRAVerlag

Besuchen Sie uns im Internet:
www.AmraVerlag.de

Eine Originalausgabe im AMRA Verlag
Auf der Reitbahn 8, D-63452 Hanau
Telefon: + 49 (0) 61 81 – 18 93 92
Kontakt: Info@AmraVerlag.de

Herausgeber & Lektor	Michael Nagula
Einbandgestaltung	FranklDesign
Layout & Satz	Birgit Letsch
Druck	Clausen & Bosse

ISBN Printausgabe 978-3-95447-169-0
ISBN eBook 978-3-95447-170-6

Inhalt

Ohne Kompromiss lebt es sich ehrlicher

»Ein Kompromiss ist eine Übereinkunft,
bei der jeder vorgibt,
dass er nachgibt!«

Damit die Sonne wieder scheint, bedarf es nicht nur der Lebenserfahrung und Kenntnis über die Gesetzmäßigkeiten des Lebens. Der wahre »Lebenskenner« weiß vor allem um sich selbst, seine Aufgaben und seine Identität. Wer sich wahrhaftig kennt, also sein Innerstes, seine Aufgaben und das Rätsel um sein Hiersein entschleiert hat, dem wird die Sonne immer scheinen. Selbst wenn sie mit dem Herzen nicht sichtbar sein sollte, die Sonne ist da, auch wenn Wolken vorüberziehen. Wer sich an den Wolken nicht stört und um die Sonne dahinter weiß, begegnet dem Leben furchtlos, voller Neugier und Elan. Wolken zu

vertreiben ist keine Lösung, sie nicht einzufangen und festzuhalten ist die wahre Kunst des Lebens.

Mit diesem Werk wagt sich Kurt Tepperwein an ein Thema heran, das wohl jeden inspirieren und begeistern kann.
Wir suchen nach dem Lebenssinn, nach mehr Zufriedenheit
und einem angenehmeren Dasein. Doch wodurch zeichnet
es sich aus, das »schöne« und »wundervolle« Leben? Wer
das wahre Leben nicht kennt, dem wird die Antwort versagt
bleiben. Es zu kennen bedeutet nicht nur zu atmen und
daran teilzunehmen und zu warten, bis einem die Erfüllung
der Wünsche zufällt, sondern die Fähigkeit zu entwickeln,
die Dinge genauer zu betrachten. Der Mensch hält gerne
nach dem Außergewöhnlichen Ausschau, dem Kick und
dem Besonderen, die das Leben bereichern sollen. Aber
dabei verliert er die Einfachheit aus den Augen: Wahre
Freude und Schönheit sind nur im *Augenblick* zu finden –
nicht in vergangenen oder künftigen Erfahrungen.

Wir alle haben schon längst bemerkt, dass kurzfristige
Freuden, Erfolgserlebnisse und Glücksmomente genauso
schnell wieder verschwinden, wie sie gekommen sind. Und
dann? Dieser Frage widmet sich Kurt Tepperwein hier. Es
geht darum, das Leben ein wenig gründlicher unter die
Lupe zu nehmen, hinter die Oberfläche zu blicken und zu
lernen, dass man zufrieden sein kann, ohne etwas Besonderes sein oder erfahren zu wollen.

Angeeignetes Wissen will auch umgesetzt und ins Leben
integriert werden. Dazu gilt es, die Kunst zu erlernen, wie

man sein Leben meistert, um zu erfahren, wie schön es ist, wenn man nichts mehr will. Mit dem Leben im Fluss sein ist das Geheimnis. Dabei ist es ein echtes Abenteuer herauszufinden, wer man ist, doch wer die Intuition über seine Gedanken stellt, dem wird das gelingen. Im Grunde ist es ganz einfach. Sich das Leben schwer zu machen *scheint* nur einfacher zu sein. Erwachen wir vom Ich zum Selbst und entdecken wir unsere Identität, dann werden wir auch mit ganz einfachen Mitteln glücklich sein.

Erwacht in Ihnen die Neugier auf mehr? Darauf, die Erfüllung in der Einfachheit des grenzenlosen Seins zu finden, ohne danach suchen zu müssen? Wer wünscht sich das nicht? Dieser praxisnahe Ratgeber gibt Ihnen richtungsweisende Impulse. Er lehrt Sie die Kunst, im Augenblick zu sein und die Dinge geschehen zu lassen – das kann sich jeder aneignen. Alle Lebensbereiche in Ordnung zu bringen und zu harmonisieren ist eine Herausforderung, aber es wird Zeit, dass jeder Verantwortung für sein Verhalten übernimmt. Jeder Einzelne von uns. So, wie wir dem Leben gegenübertreten, so wird es uns widerfahren. Wahrhaftig zu leben bedeutet aufräumen und den Mut haben, seinen Schwächen mit Stärke zu begegnen.

Ein umfassender Teil dieses Buches widmet sich dem, was wir Menschen als Probleme bezeichnen. Dabei erfährt man nicht nur, was ein Problem tatsächlich ist, sondern auch, wie man sich ihm nähert, mit ihm umgeht und ein wertvolles Resümée aus der Erfahrung ziehen kann.

Mit mehr Abstand zur jeweiligen Situation wird Ihr Anspruch sich erfüllen, und gerade deshalb sollte zu diesem Buch *niemand* Abstand nehmen.

> Auf die Haltung im Leben kommt es an und nicht auf den Inhalt.

Ich beglückwünsche Sie. Es erwartet Sie eine lebensnahe und hilfreiche Lektüre, die Ihnen in Zeiten wie diesen ein zeitloser, zielorientierter und lebensnaher Wegweiser sein kann. Lassen Sie sich ein auf diese neue Erfahrung.

Felix Aeschbacher

Vorwort

Früher oder später werden wir alle mit der Aufgabe konfrontiert, wahrhaft zu leben, und wir werden feststellen, dass es dafür keine Anleitung und keinen Beipackzettel gibt. Wie es funktioniert, kann jeder nur für sich selbst entdecken. Für alles, was man heutzutage kaufen kann, gibt es eine Beschreibung. Wie das Leben funktioniert, wissen die meisten von uns aber nicht. Selbst herauszufinden, wie man dem Leben begegnet, ist eine wahre Herausforderung.

Auch wenn jeder seinen individuellen Weg geht und jeder Einzelne grundverschieden ist, gibt es doch ein paar Anhaltspunkte, die ich Ihnen in diesem Buch gerne weitergeben möchte. Es sind Hinweise, wobei Sie manche für sich nutzen werden, und Einiges wird Ihnen vielleicht auch nicht zusagen. Lassen Sie das, was Sie nicht anspricht, einfach beiseite und setzen Sie das, was Sie erfreut, in Ihrem Leben um. Nur gelebtem Wissen folgt eine Erfahrung, und ohne Erfahrungen ist das Leben unvollständig.

Viele Menschen versuchen sich bei anderen etwas abzuschauen. Weil der andere Glück und Erfolg hat, möchten wir es ihm gleichtun. Doch der andere lebt *sein* Leben, und wir sollten *unser* Leben leben. *Unser* Leben kann nicht mit anderen verglichen werden. Was der andere gemacht hat, um erfolgreich zu sein, kann uns nützlich sein. Vielleicht aber auch nicht. Wer sagt uns, dass unser Weg nicht ganz anders verlaufen soll? Woher nehmen wir die Gewissheit, dass das, was wir uns wünschen, wirklich unser Weg ist? Warum vertrauen wir nicht einfach auf die eine universelle Kraft und lassen uns lenken?

Wie auch immer wir diese Kraft nennen, da ist jemand oder etwas, das unser Leben lenkt, und ich weiß, dass für jeden Einzelnen von uns gesorgt ist. Wir machen uns Sorgen, aber das Leben sorgt immer bestens für uns, wenn wir es nur lassen.

Wo stehen wir uns selbst im Weg? Wo gehen wir in Widerstand? Wo manipulieren wir? Wo sind wir nicht im Fluss?

Belehrungen anderer hört niemand gerne, schließlich und endlich geht es ja darum, seine eigenen Erfahrungen zu sammeln. Es ist das Beste, was uns passieren kann, wenn uns ein Mensch in unserem Umfeld ein intuitives Leben im Gleichklang vorlebt. Dadurch weckt er unser Interesse, es ihm gleich zu tun. Doch Nachahmen ist nicht der Weg, der zum Erfolg führt. Wir sollten nicht die Handlungen anderer nachmachen, sondern uns die Geisteshaltung, also die innere Einstellung dieses Menschen, genauer ansehen. Von jemandem, der sein Leben meistert, können wir viel lernen, doch wir sollten immer bei uns bleiben und unsere Individualität groß schreiben.

In der Schule lernen wir meist nur Dinge, die man im wirklichen Leben gar nicht brauchen kann. Zu viel Wissen benebelt unser wahres Sein unnötig. Dabei lebten wir als Kinder im Augenblick und hatten weder einen Zeitbegriff noch ein Ziel. Wir waren einfach grundlos glücklich. Je älter man allerdings wird, desto mehr vergessen wir das. Wir verlieren unsere Leichtigkeit aus den Augen, die dem Druck, dem Wollen und unseren Vorstellungen weicht. In jungen Jahren hatten wir noch kein Zeitgefühl, und deshalb waren wir im Hier und Jetzt. Wir waren im Moment, im Augenblick und unbeschwert frei. Oft wissen wir gar nichts mehr von dieser wundervollen Kleinkinderzeit. Unser Lächeln erfreute die, die wir anstrahlten. Wir wussten nicht einmal, dass wir lächelten, und schon gar nicht warum. Wir waren so, wie wir waren, verstellten uns nicht und bemühten uns nicht, etwas Besonderes zu sein.

Erst im Kindergarten begannen wir damit, uns in die Erwachsenenwelt hinein zu orientieren. Unsere Eltern galten als Vorbilder, die wir unbewusst langsam nachahmten. In der Schule lernten wir, wie wir uns zu verhalten haben. Wir eigneten uns ein enormes Wissen an, das uns schließlich nicht wirklich weitergeholfen hat.

Je mehr man weiß, desto mehr rückt man auch von der Selbstverwirklichung weg. Wissen entfernt uns von der ureigenen Quelle, weil das Wissen dort angesiedelt ist, wo Selbstverwirklichung nicht beheimatet ist und stattfinden kann. Selbsterkenntnis geschieht in uns und nicht außerhalb von uns. Je mehr wir Lebenskünstler und Lebenskenner sind, desto mehr Leichtigkeit fließt ins Leben ein. Je gelassener und leichter wir das Leben nehmen, desto leichter wird es uns gelingen. Ernst durchs Leben zu gehen macht nicht nur müde, freudlos und stumpfsinnig, es hält uns auch davon ab, uns für die Schönheit des Augenblicks zu öffnen.

Seit jeher werden wir dazu erzogen, der Gute und der Nette zu sein. Wir sollen funktionieren, ja nicht auffallen und uns überall einfügen. Von Leichtigkeit habe ich im Unterricht noch nie etwas gehört. Sie vielleicht?

Wir wurden dazu angehalten, gute schulische Leistungen zu erbringen, und wenn uns das nicht gelang, fanden wir keine Beachtung. Vorgesetzte stellen nur die besten Schüler in ihren Betrieb ein, wurde uns immer wieder klar gemacht. Was ist das für eine Welt, in der es um Leistung und Wissen geht und der Mensch mit seinen natürlichen Potenzialen und Fähigkeiten gar nicht mehr wahrgenommen wird?

Das Leben weist uns unsere Aufgaben gemäß unserer inneren Einstellung, Glaubensmuster, Fähigkeiten und Talente zu. Es ist nicht an Schulnoten interessiert. Die universelle Kraft, die alles lenkt, weiß um unsere Fähigkeiten und Talente und hat für jeden Einzelnen von uns Plätze reserviert, worin er sich entfalten und erfahren kann.

Begeben wir uns gemeinsam auf eine Reise. Schauen wir uns das Leben mit all seinen Möglichkeiten etwas genauer an. Auch Sie können Ihr Leben meistern, denn ein Lebenskünstler und Lebenskenner steckt in jedem von uns.

Wie Sie Ihr Leben meistern

Das Leben beruht auf den Gesetzmäßigkeiten von Ursache und Wirkung. Leben ist Bewegung und nicht Stillstand. Alles fließt, und jeder Gedanke, jedes Gefühl und jede Handlung setzt eine Ursache, der eine Wirkung folgt. Diese sind so vielfältig, dass das, was wir unser Leben nennen, schon morgen ganz anders sein kann.

Jeden Tag kann sich alles ändern, und wir wissen nie, was ein neuer Tag uns bringen mag.

Deshalb wird auch kaum jemand das ganze Leben den gleichen Partner haben, denselben Beruf ausüben oder am gleichen Ort wohnhaft bleiben. Oft hat man eine Beschäftigung, welche durch ihre Ausübung eine andere nach sich zieht, die uns endlich mit Freude und Begeisterung erfüllt. Oder es kommt zu Begegnungen, die uns in eine andere Richtung »schieben« und uns Möglichkeiten eröffnen, die wir zuvor nicht wahrgenommen haben. Manchmal ist ein sogenannter Umweg erforderlich, um zum richtigen Zeitpunkt auf die optimale Lebensaufgabe zu stoßen oder dem vorhergesehenen Lebenspartner zu begegnen.

Wenn wir aber an Situationen und Beziehungen festhalten und daran kleben bleiben, schlittern wir ahnungslos von einem Problem zum nächsten. Dieses Festhalten ist sehr manipulativ. Es zeigt auf, dass wir unser Leben steuern wollen, und dabei lässt der Widerstand gegen die Gegebenheiten einer Lebenssituation ein Problem erst entstehen. Wenn wir mit der momentanen Situation nicht einverstanden sind, ist das Problem doch lediglich unsere Nichtakzeptanz. Könnten wir die als unangenehm empfundenen Umstände annehmen, würden wir sie ja nicht als Problem betrachten.

Irgendwann erkennt jeder, dass es nur die persönliche Sichtweise ist, die Situationen als Probleme deklariert. Wer beginnt, nach Innen zu schauen, und bereit dazu ist, das Leben aus einer unpersönlichen Sichtweise heraus zu betrachten, der wird schnell erkennen, dass sein Problem nur eine Spiegelung seiner Geisteshaltung ist.

Es ist an der Zeit, Verantwortung für unser Verhalten zu übernehmen. So wie wir dem Leben gegenübertreten, so wird es uns widerfahren.

Treffen wir ganz gezielt eine neue Ausrichtung: »Ja, *jetzt* bin ich bereit, mich voll und ganz dem Lebensrhythmus hinzugeben.« Dieser Rhythmus muss uns nicht immer gefallen, aber er entspricht uns. Ob er nun als unangenehm oder als angenehm empfunden wird, er ist nichts weiter als unser selbsterschaffenes Bildnis einer Welt, die es nie wirklich gegeben hat.

Die Welt, der Körper und all das, was wir über unsere Sinne wahrnehmen, ist nichts weiter als eine Erscheinung im Bewusstsein. Jedem erscheint die Welt anders, und ohne Sinne würde es keine Erfahrung geben. Es ist wie mit dem Spiegelbild: Keines gleicht dem anderen, und jedes ist verschieden. Und so ist es auch mit dem Leben. Jeder erfährt es, seinem Bewusstsein entsprechend, anders. Es gibt niemanden, der es genauso empfindet, wahrnimmt oder erfährt wie Sie, denn Ihr Leben ist das Gebilde Ihrer Gedankenkraft.

Das halbe Leben verbringen Menschen damit, das zu tun, was sie glauben, tun zu müssen, um es Eltern, Partnern, Familie oder Chefs recht zu machen. Sie fragen sich nicht einmal, ob sie das tun, was das Leben für sie vorgesehen hat. Sie fühlen sich in ihrer Opferrolle natürlich nicht gut. Sie haben verlernt, in sich hinein zu lauschen und ihrem Gefühl zu folgen. Um des lieben Friedens willen machen sie das, was von ihnen erwartet wird. Das ist kein echter Friede, sondern eher Selbstbetrug. Gut sein, gefallen und entsprechen wollen sind Absichten, die nach Liebe und Achtung ringen. Aber auch wenn man immer nur das tut, was andere von einem erwarten, spürt man innerlich, dass es so nicht weitergehen kann.

Es gibt viele Auswege aus den selbsterschaffenen Ego-Fallen. Und wenn Sie sich gerade denken, dass der momentane Weg besser und harmonischer sein könnte, dann ist dieses Buch genau das Richtige für Sie.

Praxisbezogenes Schöpferdasein

Wenn das Urvertrauen fehlt

In meiner Praxis bin ich immer wieder Menschen begegnet, bei denen das Leben bereits vorbei zu sein schien, bevor es überhaupt begonnen hatte. Mir kommt dazu ein typischer Fall in den Sinn, ein 23-jähriger junger Mann, zwei Kinder, das dritte unterwegs, 20.000 Euro Schulden und arbeitslos. Was hatte er noch zu erwarten? Welche Möglichkeiten konnten sich ihm eröffnen? Niemand hatte ihm jemals gesagt, wie er diese Situation hätte vermeiden können. Noch bevor er eine Chance bekam, seine Situation zu erkennen und zu sich zu erwachen, saß er bereits in seiner selbstgeschmiedeten Falle.

Jeder sollte rechtzeitig darüber unterrichtet werden, was es mit dem Bewusstsein auf sich hat. Außerdem sollte man um die Gesetzmäßigkeiten des Lebens wissen und dazu aufgefordert werden, und auch animiert und eingeladen, die Welt mit ganz anderen Augen zu betrachten. Wir lernen immer nur etwas über die Dinge, die wir sehen können. Warum lernen wir nichts über das Unsichtbare dieser Welt, über die Schöpfung und unser unbegrenztes Potenzial, um unser Leben zu gestalten?

Ich selbst hatte mich mit diesem Thema erst relativ spät befasst. Auch mich hatte niemand darauf aufmerksam gemacht, die Dinge jenseits der Welt zu betrachten und meine Realität und Existenz als Mensch zu hinterfragen. Es hat bei mir also ebenfalls etwas gedauert, bis ich in die Tiefen des Seins vorgedrungen bin.

Wie jung Sie auch immer sind und wie alt Sie sich fühlen mögen, nutzen Sie *jetzt* ihre Chance, um zu sich selbst zu erwachen. Je transparenter und bewusster der Mensch ist, desto mehr Leichtigkeit wird ihn im Alltag begleiten. Das Leben meistert man spielerisch oder gar nicht. Aus dem höchsten Selbst heraus gelingt es spielerisch. Das denkende Ich wird sich immer in Sackgassen verirren. Der Weg des Ego ist schwierig, steinig und rau. Kehren Sie um und treten Sie als das hervor, was Sie immer schon waren und

sein werden: grenzenloses Bewusstsein. Wer mit Sorglo-
sigkeit, Urvertrauen und Achtsamkeit durch das Leben
spaziert, ist ein Lebenskenner. Man könnte ihn auch Lebenskünstler nennen.

Ein Lebenskenner ist jemand, der das annimmt,
was ihm das Leben gibt, und durch sein Verhalten und seine Selbstverantwortung dafür sorgt,
dass ihm jede Erfahrung das Beste bringt.

Das Richtige kommt immer, weil uns alles, was uns geschieht, immer zu 100 Prozent entspricht. Ideal wird es
dann sein, wenn wir die notwendigen Schritte getan haben,
und die führen Richtung Herz.

Diese Schritte sind weder Handlungen, noch haben Sie
mit Wünschen, Plänen und Zielen zu tun. Diese Schritte
sind eine Öffnung nach Innen, um Stille und die wahre
Realität in sich zu erfahren. Aus diesen Schritten ergeben
sich dann Dinge, die wir als Zufall, Erfolg oder freudvolles
Ereignis bezeichnen.

Veränderung geschieht also immer erst in einem selbst.
Erst wenn sich eine Wandlung vollzieht, werden sich auch
die Gegebenheiten im Außen wandeln können. Einstwei-
len geht es darum, zu erkennen, dass genau das richtig
und wichtig ist, was uns das Leben im gegenwärtigen

Moment schenkt. In der totalen Akzeptanz dessen und der Widerstandslosigkeit fallen allerlei Unliebsamkeiten wie von selbst ab.

Von der Kunst, wirklich »Hier« zu sein

Wir alle sind so, wie wir jetzt sind, völlig in Ordnung

Fragen wir uns doch einmal, woraus all unsere Lebensumstände entstehen? Warum sind sie bei einem so und beim anderen so? Glück kann man tatsächlich abonnieren, wenn man damit aufhört, etwas zu wollen oder nicht zu wollen. Wer erkannt hat, dass es das Leben ist, das uns steuert, und nicht wir es lenken, der kann das Wollen getrost beiseite lassen. Es darf kommen, was kommen möchte, und was auch immer mir widerfährt, es darf *da* sein. Das Leben darf *so* sein, wie es ist.

Wer außer dem Leben, das von der universellen Kraft gesteuert wird, kann es besser wissen, was wir Hier und Jetzt zum Leben benötigen? Wir stehen uns mit all dem unnützen Denken, Haben und Wollen selbst im Weg. Treten wir also einen Schritt zur Seite und lassen wir dem Lebensfluss den Vorrang. Beenden wir unser Steuern, Haben und Lenken wollen, indem wir ganz bewusst im Augenblick leben. Schenken wir dem, was *jetzt* ist, unsere ganze Aufmerksamkeit, ohne uns ständig in der Vergangenheit oder in der Zukunft zu verlieren. Wer in diesen Zeiten gedanklich umherirrt, darf sich nicht wundern, wenn sich seine Lebensumstände chaotisch zeigen. Sie sind der Ausdruck unserer Gedanken, und nur das Denken erzeugt das, was wir Vergangenes oder Zukünftiges nennen.

Wir alle sind, so wie wir *jetzt* sind, völlig in Ordnung. Ob wir etwas besitzen oder nicht, was hat das mit uns zu tun? Ich meine mit »uns« nicht das Ego, sondern das höchste Selbst. Was haben wir mit dem Leben zu tun, und wer sind wir? Sind wir ein vergänglicher Körper, oder nutzen wir ihn nur, um auf dem Weg zur Erkenntnis Erfahrungen zu sammeln? Was wollen wir erreichen? Wo wollen wir hin? Wo ist das Ziel?

Einsicht erleben statt Wissen aneignen

Wir haben ständig das Bestreben, mehr zu wollen, mehr zu wissen, mehr zu leisten und mehr zu können. Wofür? Für wen? Wozu? Sehen wir doch endlich, wie wundervoll wir sind, ohne uns an Leistungen zu messen. Nehmen wir uns einfach so an, wie wir *jetzt* sind! Genau so sind wir gut. Fühlen Sie sich zu dick? Haben Sie Ihren Job oder Partner verloren? Sind Sie traurig? Na und? Was hat das alles mit Ihrem wahren Wesen zu tun? Nehmen Sie Ihr Leben an! Erlauben Sie Ihrem Körper, so zu sein, wie er ist.

Lassen Sie Ihre Gedanken und Emotionen *da* sein. Sie kommen und gehen. Wenn Sie sie nicht festhalten und nicht mit ihnen auf Tuchfühlung gehen, werden sie auch wieder verschwinden. Nehmen Sie sie nicht in Besitz, sondern seien Sie einfach hier und erleben Sie den Moment genauso, wie er *jetzt* ist. Wenn Sie das tun, werden schon bald all die Ballaste und Gewichte abfallen, die Sie seit langer Zeit mit sich tragen.

Neben den Gedanken hadern wir auch mit der Wahrnehmung, getrennt voneinander zu existieren. Dies ist das Grundübel für unser Lebenschaos. Aus dieser Trennung heraus entsteht eine Spaltung, die unser Leben *nicht ganz* sein lässt.

Es läuft meistens nicht rund und irgendwie immer etwas schief. Warum? Weil wir aus unserer Begrenzung heraus die Dinge so sehen, wie sie nicht sind. Wir sehen alles immer nur so, wie wir es sehen können und sehen wollen. Wie es tatsächlich ist, bleibt uns verborgen. Erst wenn wir uns im anderen erkennen, können wir die anderen so lassen, wie sie sind.

Es heißt immer, man solle den Nächsten lieben. Doch dies wird falsch verstanden. Sich selbst im anderen lieben: Erst dann kann diese wundervolle »Alles ist Eins«-Aussage so wahrgenommen und verstanden werden, wie sie auch gemeint ist.

> Es geht nicht darum, dass man als Person andere Personen mag, sondern dass man sich als das Eigentliche hinter der Persönlichkeit im anderen entdeckt.

Wir verursachen durch unsere begrenzte Gedankenwelt unser individuelles Chaos. Warum machen wir uns das Leben unnötig schwer? Schauen wir uns um, es ist niemand da, der das Leben kompliziert macht, außer wir selbst. Fristen wir unser Leben nicht länger als Almosenempfänger des scheinbaren Schicksals.

Es ist wie beim Tennis: Wenn wir Matchball haben, können wir mit einem Schlag alles ändern. Und genau das können wir auch mit Hilfe einer weiteren Sichtweise, die ich Ihnen hier aufzeigen möchte. Wenn wir uns Schritt für

Schritt bewusst machen, dass wir unser Leben umformen können, weil wir sein Verursacher sind, werden wir zum Lebenskönner, der ein Alleskönner ist.

Beginnen wir damit, innezuhalten, hinzuschauen und uns einzufühlen, was das Leben hinter den Fassaden für uns bereithält. Ein »Lebenskünstler« ist nichts Besonderes. Ganz im Gegenteil! Er ist einfach und natürlich und genießt das Leben so, wie es sich zeigt. Nur so wird es sich in Kürze ändern können, denn die innere Haltung, das Gedankengut und die Emotionen verursachen die Welt, die wir als Realität bezeichnen.

Die Opferrolle besiegen

Fangen wir zunächst einmal an, unser Leben selbst zu bestimmen. Viele Menschen sind in der Opferrolle gefangen und leben stets das, was andere von ihnen verlangen. Eigenständigkeit und Verantwortung sind Worte, die nur selten gelebt werden. Hier entspricht man Erwartungen, dort will man gefallen. Aus diesem Grund ignoriert man seine Empfindungen und Bedürfnisse. Man will ja schließlich nett sein, geliebt werden und es allen recht machen.

Da kommt mir der Witz von den beiden Himmelspforten in den Sinn. Ein Mann kommt in den Himmel und findet zwei Eingänge vor, einen breiten, über dem geschrieben steht: »Für Männer, die ihr Leben von ihrer Frau bestimmen ließen.« Gleich daneben befindet sich ein kleiner Eingang, über dem steht: »Für Männer, die ihr Leben selbst bestimmten.« Vor dem Eingang für die Männer, deren Frauen ihr Leben bestimmten, steht eine lange Schlange in Viererreihen, vor dem anderen Eingang jedoch nur ein einziger Mann. Als Petrus diese Tür öffnet, sagt er: »Endlich kommt mal jemand durch diesen Eingang. Aber sag, warum begehrst du Einlass durch diese Tür?« Der Mann antwortet: »Das weiß ich auch nicht. Meine Frau hat gesagt, dass ich mich hier anstellen soll.«

Erkennen Sie, was in diesem banalen Beispiel eines Witzes die grundlegende Problematik ist? Häufig werden Beziehungen derart gelebt, praktiziert und wieder und wieder vorgelebt, dass unsere Kinder und Kindeskinder es meistens genau so von uns übernehmen. Es spielt keine Rolle, wo wir in die Opferrolle schlüpfen, wer nicht bei sich bleibt, authentisch ist und seine Gefühle lebt, wird unweigerlich untergehen.

Und wo sind Sie das Opfer? In der Beziehung, an der Arbeitsstelle, in der Familie oder, durch Ihre Haltung, selbst Freunden gegenüber. Das Opferdasein hat etwas mit gefallen wollen zu tun. Man will nett und lieb sein, und vor allem will man es allen recht machen. Aber geht das denn? Wenn ich dem anderen einen Gefallen tue oder das mache, was er will, untergrabe ich mich dann nicht selbst? Tue ich *lieber* dem anderen etwas Gutes als mir?

Ist es *wirklich* in Ordnung, meine Gefühle zu untergraben und schlussendlich mir selbst zu schaden? Ist das der bequemere Weg? Ist er einfach?

In einem System, einer Familie, einer Gesellschaft oder einem Betrieb einfach nur zu funktionieren, ist nicht das Verhalten, das uns gut tut. Es gibt zwar keine allgemeinen Regeln, aber fest steht, dass Bedürfnisse und intuitive Impulse gelebt werden müssen, damit der Mensch gesund und glücklich sein kann. Das heißt nicht, dass wir uns mit Ellbogentechnik durchs Leben kämpfen und nur noch das machen, was wir wollen. Nein, es geht darum, jeden Augenblick hinzuspüren, was in diesem Moment zu tun ist.

Eines steht fest: Es geht ganz sicher nicht darum, Ihrem Verstand zu folgen und andere Menschen glücklich zu machen oder bei Laune zu halten und sich dabei selbst zu untergraben. Haben Sie Rückgrat und bleiben Sie sich treu.

Tun Sie immer nur das, was sich gut anfühlt. Ihr Herz weiß in jedem einzelnen Augenblick, was getan werden soll.

Vertrauen Sie auf Ihre innere Stimme, es lohnt sich!

Auch Zwischen-
menschliches
verlangt
Aufrichtigkeit

Wie schön, wenn man nichts mehr besitzen will

Ob wir das Leben als freudvoll und leicht empfinden oder schmerzvoll und schwer. Wir selbst erzeugen diese Zustände durch unser Denken. Wenn wir nicht damit beginnen, das Leben selbst in die Hand zu nehmen und es so zu leben, wie es uns gut tut, wird sich niemals etwas ändern können.

Veränderung beginnt in uns und durch uns

und nicht durch andere Menschen oder eine veränderte Lebenssituation. Was nutzt einem die beste Lebensperspektive, wenn man sie nur betrachtet und den Mut zum Handeln nicht aufbringen kann. Mut ist etwas, was den Menschen verloren gegangen ist, denn nur wer den Sprung ins Leben wagt und sein vermeintliches Sicherheitsdenken und seine Zweifel hinter sich lässt, wird auch belohnt werden.

Und wie sind Sie? Zaghaft, in Warteposition oder einer, der sein Leben lebt? Wenn wir ehrlich mit uns sind, dann können wir erkennen, wie wir selbst sind. Sind wir bestimmend? Reden oder denken wir von oder über andere bestimmend? Wo verleugnen wir uns selbst und warum? Weshalb erlauben wir uns, über den Partner, die Kinder oder andere Mitmenschen zu bestimmen? Wir glauben, dass uns der Partner gehört und Kinder sind unser Eigentum. Welch ein Irrtum! Auch wenn wir mit Menschen zusammenleben oder sie auf die Welt bringen, sie gehören uns nicht.

Ihr Körper gehört der universellen Kraft und niemand anderem. Warum aber tun wir immer so, als ob uns alles gehören würde? Auch materielles Eigentum bezeichnen wir als Besitz, obwohl wir nichts mitnehmen können. Wir lassen alles zurück, inklusive unseren Körper.

Wie befreiend das Gefühl doch ist, nichts zu haben und nichts zu besitzen. Viele Menschen haben Angst, nichts zu sein. Der Gedanke, nichts zu haben und nichts zu sein, ist ihnen unangenehm. Warum? Wer nichts hat, dem kann man nichts nehmen und der kann jederzeit überall hingehen, ohne irgendwo anzuhaften. Wie schön ist doch der Gedanke, jederzeit überall hingehen zu können, ohne schwere Ballaste zu tragen. Noch schöner ist die Vorstellung, keine Wünsche und keine Ziele mehr zu haben. Wozu auch? Es kommt ja immer so, wie es eben kommt. Wer das Leben so nehmen kann, wie es sich in diesem Augenblick zeigt, ist ein Lebenskenner und Meister seines Lebens.

Liebevolles und ehrliches Miteinander praktizieren

Es ist wichtig, wirklich ehrlich zu sich selbst zu sein. Aber nicht nur zu sich selbst. Auch im Job ist Aufrichtigkeit eine wertvolle Verhaltensweise. Und ausgerechnet in Beziehungen tun wir uns am Schwersten, offen und ehrlich zu sein. Vielleicht sind wir nicht unehrlich, aber gewisse Dinge nicht auszusprechen, für sich zu behalten und runterzuschlucken, ist auch nicht gerade ehrlich.

Wenn wir eine ehrliche, liebevolle und gleichwertige Partnerschaft erleben möchten und unser gemeinsames Dasein genießen wollen, ist es erforderlich, sich selbst im Spiegel etwas genauer zu betrachten. Der andere ist immer ein Spiegel. Wie könnten wir uns denn sonst erkennen? So wie wir mit dem Nächsten umgehen, ihm begegnen und behandeln, so gehen wir mit uns selbst um. Wie wir zu uns stehen, so werden wir auch unseren Mitmenschen gegenübertreten. Wie segensreich ist es doch, mit einem Partner das Leben zu teilen und ihn dabei so zu lassen, wie er ist. Das können wir aber erst, wenn wir auch uns selbst in allen Facetten akzeptieren und uns lieb gewonnen haben.

Wir brauchen nur uns selbst in dem annehmen, was wir im Außen bemängeln. Das Außen spiegelt uns ja nur die eigene Unzulänglichkeit. Wenn uns an jemandem etwas stört, heißt das nicht, dass wir auch so sind, sondern dass er uns etwas zeigt, was wir so nicht lassen können. Es geht um die Akzeptanz und um die Erkenntnis, dass alles in sich gut ist – so, wie es ist.

Wir bemängeln unser Umfeld allzu gerne. An jedem finden wir etwas auszusetzen, weil wir ihn als den anderen betrachten und uns in ihm selbst noch nicht erkannt haben. Warum sonst sollte uns etwas stören? Dabei ist es allein unser Problem, wenn wir etwas bemängeln. Vielleicht stört es den anderen ja gar nicht, oder er hat es überhaupt noch nicht bemerkt?

Selbst wenn wir den Partner austauschen, bekommen wir wieder einen vorgesetzt, der uns Seiten an uns aufzeigt, die uns unangenehm sind und die wir nicht mögen. Eine Partnerschaft ist eine Ergänzung und nicht der Mittelpunkt des Lebens.

Das heißt: Wir treffen immer auf ein Gegenüber, das etwas hat oder lebt, was wir nicht haben oder sind. Eben deshalb ist er auch die perfekte Ergänzung, weil er uns etwas aufzeigt, was wir uns so sehr wünschen und selbst nicht leben oder leben können. Am Anfang fasziniert uns das, aber irgendwann geht uns das mächtig auf die Nerven. Er zeigt uns ja ständig unseren Mangel auf, den wir aber als seinen bezeichnen und in uns nicht erkennen können. Wenn wir die Anteile, die wir ablehnen, nicht als unsere eigenen anerkennen, wird der Kreislauf immer wieder von vorne beginnen. Eine wirkliche Veränderung der Lebenssituationen kann hier natürlich nicht Fuß fassen.

Es ist nicht ganz einfach, selbstkritisch zu sein und seinen Schwächen ins Auge zu sehen. Es ist wohl leichter, jemanden zu beschuldigen, zu verurteilen und zu bewerten, als einsichtig zu sein. Wenn wir es zulassen, dass das Ego sich jedes Mal durchsetzt, fällt das unweigerlich auf uns selbst zurück. Vielleicht geschieht das nicht gleich, auch wenn es leider oft so ist, sondern erst, wenn wir gar nicht mehr daran denken, auf uneinsichtige Weise gehandelt zu haben. Meistens ist es uns ja gar nicht bewusst, dass wir verletzend sind und lieblos mit unseren Mitmenschen umgehen und sie herablassend behandeln.

Nun dürfen wir uns nicht wundern, wenn wir vom Leben genötigt werden und es uns in Situationen hineinmanövriert, in denen es anscheinend keinen Ausweg gibt. Es gibt immer einen Ausweg und eine Lösung, das sollten wir uns ständig vor Augen halten, selbst wenn wir es nicht gleich erkennen können. Auch in einer Sackgasse kann der Weg wieder zurückgegangen werden. Tun wir es, es lohnt sich! Auch wenn es anfangs beschwerlich und mühsam erscheinen mag, denken wir immer daran, es geht vorbei.

Und alles beginnt mit dem ersten Schritt. Wagen wir ihn! Wie sollen wir sonst erfahren, dass es funktioniert?

Sind Gedanken harmlos?

Am besten nicht festhalten

Alles Wissen und Können bewirkt noch nichts, erst das Tun entscheidet über das Sein! Wichtig ist die ehrliche und wahre Einsicht, dass es gilt, die absolute Selbstverantwortung zu übernehmen, die kraftvolle Hingabe an das Leben, damit sich in der Tiefe etwas ändern kann.

Psychohygiene ist ein anderes Wort für Reinigung der Gedankenflut. Gedanken keine Aufmerksamkeit zu schenken, still seinem Herzschlag und der Atmung zu lauschen und nicht alles zu glauben, was der Verstand uns einreden will, sind Grundsätze, die wir uns wieder in Erinnerung rufen sollten. Schöne Musik zu hören oder ein gutes Buch zu lesen ist auch etwas, was sehr hilfreich sein kann.

Es geht weniger darum, was Sie tun, als darum, dass Sie überhaupt etwas tun, um sich Ihren Gedanken zu entziehen. Sie kommen und gehen, und immer wird gedacht. Sie können die Gedanken weder verscheuchen noch das Denken unterlassen. Aber Sie können ihre Aufmerksamkeit, in dem Moment, wo sie feststellen, dass Sie sich wieder in Gedanken verlieren, auf etwas anderes lenken.

> Gedanken kommen und gehen, darauf haben
> Sie keinen Einfluss. Doch Nachdenken ist etwas,
> dass Sie bewusst und gezielt tun. Lassen Sie es!

Beobachten Sie sich dabei, wenn Sie sich in Gedanken verlieren, und steigen Sie aus. Verlassen Sie den Raum der Gedanken und tun Sie etwas, was Ihnen guttut und Ihnen Freude bereitet. Beginnen Sie bei allem, was Sie tun, sich Ihres Selbst bewusst zu sein.

Wenn es Ihnen leichter fällt, dann sagen Sie sich bei allem, was Sie tun: »Also gut, *jetzt* mache ich gerade dies.« Wenn Sie beispielsweise duschen, sagen Sie sich: »*Jetzt* stehe ich unter der Dusche und das Wasser fließt freudig über meinen

Körper und reinigt ihn.« Es ist wie ein Kommentar, als ob sie all Ihre Handlungen dokumentieren. So fällt es leichter, nicht immer abzuschweifen und gedanklich in der Zukunft oder Vergangenheit statt *anwesend* zu sein. Wenn Sie Ihr Leben genau in *diesem* Augenblick und natürlich in jedem weiteren Augenblick bewusst erfahren, kommen Sie langsam in ein bewussteres Sein. Nicht nur ihre Handlungen werden bewusster, auch die Augenblicke werden intensiver wahrgenommen. Und schon bald entdecken Sie, dass es immer nur *ein* Hier und Jetzt gibt und dass kein Augenblick davor war oder später stattfinden wird.

Wenn Sie mit allem, was Sie von nun an machen, so bewusst umgehen, werden Sie alles viel klarer sehen können. Das ist sehr wichtig und bringt uns ins Hier und Jetzt. Wenn wir alles, was wir tun, zelebrieren, bekommt es eine neue Qualität – die Zubereitung der Mahlzeit etwa wird eine völlig neue Geschmacksnote erhalten. Diese bewusste *Anwesenheit* ist eine sehr kraftvolle Energie, die Sie neu beleben wird. Der tägliche Tagesablauf wird einfach gehaltvoller, weil Sie alles, was Sie machen, voll bewusst tun. Das ist ein erster und unerlässlicher Schritt für einen, der das Leben kennt, meistert und genießt. Der Weg zur Meisterschaft beginnt immer *jetzt!*

Auf einmal gibt es auf Ihrem Weg kein Zurück mehr. Wenn Sie beginnen, das Leben zu durchschauen, können Sie gar nicht mehr anders, als auf dem neuen Pfad zu bleiben. Entschließen Sie sich für das Leben, und das Leben wird Ihnen alle Unterstützung gewähren. Bleiben Sie ganz bei sich selbst – es lohnt sich!

Gedankenkräfte formen das Leben

Alles, was wir denken und tun, ist richtungweisend, denn unser Verhalten einschließlich der Gedanken steuert in jedem Augenblick eine bestimmte Richtung an. Das Gute daran ist: Sie können die Richtung jederzeit mitbestimmen und neu vorgeben, wenn Sie um die Gesetzmäßigkeiten des Lebens wissen.

Das Leben kann nur das erschaffen, was Ihnen entspricht. Und das, was Sie unbewusst oder bewusst aussenden und tun, ist genau das, was Ihre Lebensumstände formt. Menschen glauben immer, dass nur Handlungen Wirkungen erzeugen. Kaum jemand ist sich bewusst, dass jeder einzelne Gedanke sowie jede Emotion, aber auch Vorstellungen und Wünsche richtungsweisend sind. Alles, was Sie ausmacht und sind, ist eine Ursache an sich. Und wo eine Ursache ist, wird es auch eine Wirkung geben.

Es gibt keinen Gedankengang, der verlorengeht und *nicht* auf das Leben Einfluss nimmt. Glauben Sie aber nicht, dass Ihr Leben real ist und Ihre Gedanken diese Realität erschaffen. Real kann nur die Quelle selbst sein, die universelle Kraft, welche die ganze Welt erscheinen lässt. Das, was wir als Leben bezeichnen, ist das Ergebnis unserer Gedanken, das jedoch immer nur rein illusionär sein kann. Alles, was vergeht, kann nicht die Realität darstellen: Realität ist etwas, was immer und ewig Bestand haben muss. Und was genau in der Welt hat Bestand? Gar nichts, nicht einmal die Welt selbst wird ewig sein.

Materie ist etwas, was der Zeit unterliegt, und sie wird eines Tages nicht mehr sein. Die Materie wird nicht mehr sein, und auch die Zeit nicht. Beides ist nicht real, sondern von unseren Gedanken erschaffen. Deshalb sind Gedanken aber nicht unsere Feinde. Vielmehr sind sie lebensnotwendig, um unser Leben zu meistern, und wir können sie zu unseren Verbündeten machen. Nutzen wir sie, um unser Leben ganz gezielt zu steuern, und begeistern wir die Gedanken für den tieferen Lebenssinn.

Wer sich *jetzt* fragt, ob und was er noch denken soll, dem kann ich sagen, dass das Bewusstsein in der Gedankenstille und Bewegungslosigkeit erwacht. Und darum geht es hier!

Das einzige Lebensziel ist es, zu Bewusstsein zu kommen und sich als höchstes Selbst zu erfahren, das Ego, das Ich, als Trug zu erkennen und seine Persönlichkeit als Illusion zu entlarven. Menschsein ist etwas Wundervolles, doch je mehr Abstand wir zu unserer Persönlichkeit nehmen, desto transparenter wird das Leben. Und dies bedeutet mehr Leichtigkeit und Lebensfreude.

Bewusstsein ist nicht ein Teil des Menschen, sondern die Ursprünglichkeit, die unser wahres
Wesen ist. Alles ist Bewusstsein, und deshalb ist
es auch das, was Sie sind.

Sie nutzen einen Körper, aber Sie sind nicht Körper. Sie
sind unvergängliches Bewusstsein. Das Menschsein, das
sich als Körper, Ego, Verstand und Gefühle zeigt, ist nichts
weiter als ein Werkzeug. Nutzen wir es dazu, uns selbst zu
entdecken. Wir haben so wertvolle Instrumente und verwenden Sie kaum für Tiefgründiges. Viele Menschen glauben, dass der Verstand schlecht ist, weil er ihnen bei der
Bewusstwerdung im Weg steht. Er kann uns zwar im Weg
stehen, aber wir können ihn auch einladen, den Weg mit
uns gemeinsam zu gehen. Wir haben die Macht, ihn zu
steuern und zu lenken, auch wenn wir uns großteils von
ihm lenken lassen. Das können wir ändern. Jederzeit!

Sobald Sie durch das Tor des Bewusstseins schreiten,
wird das Denken nicht mehr so vordergründig sein. Natürlich denken wir dann immer noch, aber wir identifizieren uns nicht mehr damit. Wir glaubten ja bis dahin,
unsere Gedanken zu sein. In Wirklichkeit haben wir aber
nichts mit ihnen zu tun, außer wir nehmen sie in Besitz
und widmen uns ihnen. Tun wir das nicht, sind wir von
ihnen frei.

Wer sich selbst entdeckt, entdeckt die Ewigkeit, die in allem ist. Sobald wir erkennen, dass alles um uns herum nur ein Produkt unserer Gedanken ist, werden wir uns hauptsächlich auf unser eigentliches Sein besinnen können. Solange wir unsere Gedanken aber als unsere eigenen wahrnehmen, werden wir abgelenkt bleiben und in einer Sinneswelt umherirren, die es nie wirklich gegeben hat.

Es nutzt uns nichts, dies zu wissen. Viele Menschen sagen, dass alles nur Illusion ist, und reden sich so das Leben schön, um Verantwortung abzugeben. Was nutzt Ihnen das Wissen, wenn Sie unter der scheinbaren Illusion trotzdem leiden? Solange wir emotional darin verstrickt sind und uns nicht als das, was wir wirklich sind, erkannt haben, nutzt uns dieses Wissen rein gar nichts. Jeder muss in sich selbst erfahren, was Wirklichkeit und was illusionär ist. Und das beginnt in der Stille.

Richten Sie Ihre ganze Aufmerksamkeit auf Ihr Herz und gehen Sie dann weit darüber hinaus. Abschweifungen sind völlig normal. Schenken Sie dem keine Beachtung.

Wer innehält und in sich hineinlauscht, dem wird sich die Wahrheit nach und nach auftun.

Entdecken Sie es in sich und ersetzen Sie Wissen durch Erfahrung. Sie werden sehen: Es lohnt sich nicht nur deshalb, weil Sie sich dann besser fühlen, sondern weil Sie etwas entdecken, dass Sie bisher kaum für möglich gehalten haben. Es ist so einzigartig und schön, dass es kaum zu beschreiben ist. Es geht weit über das Herz und den Körper hinaus. Es wohnt dort, wo Ihre Heimat ist.

Halten Sie Ausschau danach und geben Sie nicht auf, bevor sie es entdeckt haben.

Bewusstsein als Weg in die innere Freiheit

Bewusstsein ist das, was Sie sind

Wollen wir unser Leben künftig als potenzieller Lebenskenner und Lebenskünstler verbringen, dann wird es von größter Wichtigkeit sein, dass wir uns eingehend mit dem befassen, was Leben überhaupt erst ermöglicht. Was ist das, was uns das Atmen ermöglicht? Was lenkt uns? Lenkt es uns oder sind wir das, was uns lenkt?

Der Großteil der Menschen hat noch nicht herausgefunden, was sie in ihrem Kern sind. Wir wissen nicht um unsere Identität, gehen aber davon aus, dass wir und die Welt die einzige Realität darstellen. Wie kann das sein? Warum erforschen wir nicht das Mysterium Leben, statt uns an materiellen Dingen zu ergötzen und dem Glück hinterherzujagen? Dort, wo wir das Glück suchen, ist es nicht. Aber es ist immer schon da. Erkennen wir das!

Alles, wirklich alles, was uns umgibt, ist allumfassendes Bewusstsein. Ohne wären wir ja gar nicht hier. Alle Menschen, Tiere und Pflanzen, alles, was kreucht und fleucht, wird durchpulst von Bewusstsein. Auch jeder Berg und jedes Gestein. Die Luft, die wir einatmen, wurde von den Bäumen gereinigt, indem sie den Stickstoff, den wir ausatmen, aufnehmen und wieder gereinigten Sauerstoff abgeben. Wie sonst sollten wir atmen? Doch auch dieser Vorgang ist ein irdischer und somit nicht die eine Realität. Die eine Realität ist Bewusstsein. *Das* ist die Wirklichkeit, da es nichts außer Bewusstsein gibt. Alles, was daraus vorübergehend entsteht und erschient, ist nur eine Spiegelung, eine Reflektion.

Bewusstsein kann man weder erlangen noch haben wollen. Auch kann es nicht antrainiert oder festgehalten werden. Wir brauchen auch nicht gewissermaßen einen Schritt darauf zuzumachen, weil wir dieses Bewusstsein schon sind.

Das, was wir sind, können wir logischerweise nicht noch einmal werden. Wir können es uns nur bewusst machen, indem wir es in uns erkennen. Das geschieht in nur einem einzigen Augenblick, doch braucht es eine gewisse Zeit, um reif für diese Entdeckung zu werden.

Im Allgemeinen identifizieren sich die Menschen voll und ganz mit ihrem Körper. Es ist ihnen leider nicht bewusst, dass sie nicht allein dieses Erscheinungsbild sind, sondern viel mehr. Als wer oder was empfinden *Sie* sich, wenn Sie »ich« sagen? Wer oder was *sind* Sie? Was *glauben* Sie, wer oder was Sie sind? Wen *meinen* Sie damit, wenn Sie sagen: »Ich gehe einkaufen«, »ich denke«, »ich habe Schmerzen« und so weiter? Meinen Sie die Person, die Ihnen am Morgen beim Zähneputzen aus dem Spiegel entgegen sieht?

Genaugenommen sehen wir nur unseren physischen Bewegungsapparat und behaupten doch steif und fest: »Das bin ich«. Wie können wir ein Körper sein, der aus Fleisch und Blut besteht, ansonsten aber hohl und leer ist? Wir glauben ja auch, unser Denken zu sein. Wann bemerken wir, dass wir gedacht werden und uns denken lassen?

All diese Fragen sind so wertvoll, aber kaum einer stellt sie sich. Diese Fragen sind nicht dazu da, um analysiert oder zu Tode gedacht zu werden. Sie sind da, um erspürt und tief in uns erfahren zu werden. Dies geschieht, wenn wir innehalten und beginnen, mit uns allein zu sein. Solange der Mensch sich einsam fühlt, glaubt er, der Mensch zu sein, für den er sich irrtümlich hält. Irgendwann ist der Mensch dann All-Eins im Alleinsein, weil er sich als etwas Größeres entdeckt hat.

Vom Alleinsein zum »All-Eins sein« übergehen

Viele Menschen scheuen sich, Zeit mit sich selbst zu verbringen. Sie halten es kaum aus, einmal nicht zu reden, nichts zu denken, nichts zu tun, und Stille wird dann zur unerträglichen Qual. Wenn ein Mensch damit beginnt still zu sein, geschieht etwas Großartiges. Alte Gewohnheiten und ungute Gefühle steigen auf und sorgen für Unruhe in der Stille. Bis diese aufsteigenden Emotionen verblassen, hat der Mensch meist schon aufgegeben innezuhalten und flüchtet sich wieder in Bewegungen. Er flüchtet sich in Beschäftigungen, weil das Stillsein ungewohnt ist und als unangenehm empfunden wird.

Gibt uns das nicht zu denken, dass der Mensch vor seiner eigenen Identität, dieser unendlichen Ruhe, flüchtet, um vergänglichen Dingen nachzujagen? Dieses Bewusstsein ist sehr still, und diese Stille ist einzigartig. Selbst wenn die Metaphysik bereits reichlich Erkenntnisse gewonnen hat, auch den Körper hat man schon bestens medizinisch und wissenschaftlich durchleuchtet und doch nichts gefunden, was ihn wirklich am Leben erhält. Die intakten, körperlichen Mechanismen können es nicht sein, denn sie funktionieren ja nicht aus sich selbst heraus. Würden Sie das tun, dann müssten sie ewig funktionieren.

Der Körper ist einem natürlichen Alterungsprozess unterworfen, und Sie selbst entscheiden über die sogenannte Lebensqualität. Er hat spezielle Drüsensysteme und ist wirklich etwas ganz Wundervolles. Doch denken wir daran, dass im Körper selbst ständig Zellen absterben und sich wieder erneuern. Der Tod ist in uns also ebenso allgegenwärtig wie das Leben. Die irdische Zeit ist begrenzt, unsere innere Uhr gestellt – nutzen wir doch die kostbare Zeit in diesem Körpergefäß, um herauszufinden, wer wir wirklich sind oder auch nie waren.

Es ist eine herrliche Herausforderung, im oder besser gesagt zum Leben zu erwachen! Und es sollte tatsächlich zum Mittelpunkt von allem werden, was wir tun.

Wir sind alle nicht unsere Persönlichkeit. Das ist ein großes Missverständnis. Wir benutzen einen Körper, und man hat uns gesagt, dass wir geboren wurden. Aber waren wir dabei? Unsere Eltern sagten uns: »Da warst du noch ein Baby.« Können wir uns daran erinnern? Nein, natürlich nicht! Warum eigentlich nicht? Weil da noch kein Ego war und auch kein Denken, das uns das weismachen konnte. Wir waren wie ein CD-Rohling: unbelastet und rein, frei von allen Prägungen und Informationen.

Je älter wir wurden, desto mehr wurde auf diesen Rohling von unserem Umfeld aufgespielt, und das prägte uns dann und machte unser »Sosein« aus. Und wir glauben doch tatsächlich, dass dies normal ist, und haben das Programm, *dieser Mensch zu sein,* ohne es zu hinterfragen, einfach übernommen. Doch was macht das für einen Sinn? Die Menschen sind unglücklich, und die Welt ist chaotisch. Wo sind Liebe, Harmonie, Frieden, Wohlstand, Fülle und Gesundheit, die unseren Alltag bereichern könnten? Wir suchen danach, können all dies aber nicht finden. Vielleicht glauben wir es vorübergehend einmal zu haben, aber dauerhaft haben es bisher nur Einzelne für sich entdeckt.

Solange wir weiter in diesem eingefahrenen »Menschsein«-Programm festhängen, werden wir vergeblich danach suchen. Die Suche endet dann, wenn wir unsere Aufmerksamkeit mit Hilfe des Denkens, des Körpers und der Sinne in Richtung Bewusstsein lenken, also nach Innen. Solange wir uns nur im Außen verlieren, werden wir kein Lebenskenner sein, sondern eher ein Lebenschaot bleiben.

Herauszufinden, wer wir sind,
ist ein echtes Abenteuer

Stellen Sie sich einmal vor den Spiegel und sagen Sie voller Stolz: »Das ist mein Körper!« Wer ist das, der sagt: »Das ist mein Körper«? Ist es die Persönlichkeit? Oder ist es das Ego oder der Verstand? Und *wer* denkt Sie? Ihre Persönlichkeit? Ihr Verstand? Ihr Ego? Oder Sie selbst? Wer ist es, der die Gefühle fühlt, die Sie als Ihre empfinden? Wer hat die Emotionen? Wer will? Wer lehnt ab? Wer bewertet und verurteilt sich selbst und den nächsten? Wer gibt ständig Stellungnahmen ab? Wer kommentiert unablässig? Welche Instanz in uns ist das? Warum ist es so erstrebenswert, dem Glück hinterherzulaufen? Warum ist es so attraktiv, sich andauernd in den Annehmlichkeiten des Lebens zu verlieren? Hat es uns bis *jetzt* weitergeholfen? Hat das etwas mit dem wahren Leben zu tun, oder ist es nur das selbsterschaffene Drama eines Ichs?

Unser Verhalten wird vom konzeptuellen »Ich« fabriziert und ist auf Dauer gesehen weder zielführend noch nachahmenswert. Das sind unreife Kinderspiele und stärken nur die eigenen egozentrischen Persönlichkeitsanteile in uns. Und damit stellen wir uns unmerklich über die Mitmenschen, wobei sich das individuelle Ego selbst zum König gekrönt hat. All dies lassen wir zu, nähren und strukturieren es. Nun ist es an der Zeit, Korrekturen vorzunehmen. Dies betrifft unser Verhalten, unsere Sichtweise, unser begrenztes Denken, unser eingeschränktes Wahrnehmungsvermögen, unsere Fehlsicht und vieles mehr.

Wie man allenthalben erkennen kann, halten uns diese alten Konzepte sowie das eingeübte Verhalten in einem selbstgeschaffenen Gefängnis in unserem Kopf gefangen. Mit dem universellen Bewusstsein hat das eigentlich nichts zu tun. Das bleibt von alledem unberührt. Ja, es *gibt* in uns eine beobachtende Instanz, die uns gelassen dabei zuschaut, was wir tun. Für diese Instanz sind Zeitbegriffe unbedeutend. Diese Instanz ist das, was wir wirklich sind. Sie ist der göttliche Lichtfunke, der unsichtbar unser ganzes System durchpulst und belebt. Wir können sie nur in uns wahrnehmen, wenn wir nach Innen lauschen.

Diesem Beobachter in uns bleibt absolut nichts verborgen. Deshalb belügen wir nur uns selbst, wenn wir jemanden belügen. Dann stellt sich die Frage, wer hier eigentlich lügt? Wer oder was ist das? Bewusstsein kann ja nicht lügen, da es von der Welt unberührt bleibt. Auch wenn es sie erschafft und belebt, ist es doch jenseits davon. Der lügende und betrügende Anteil ist zweifellos das Ego, weil es gut dastehen und sich aufplustern will. Es will ständig etwas. Es fordert und möchte, verlangt hier und da und schreit nach Aufmerksamkeit. Es ist der Antreiber, der Sklaventreiber, der uns davon abhalten will, den Weg nach Innen zu gehen.

Damit wir ja nicht auf die Idee des Innehaltens kommen, beschäftigt und fordert uns das Ego. Ständig! Es sagt uns immer genau das Gegenteil von dem, was *jetzt* ist. Würden wir uns zum Beispiel gerne mal ausruhen, dann kommt es und will uns weismachen, dass noch so viel Dringendes zu erledigen ist. »Mach dies, mach das«, kennen Sie das auch? Meistens geben wir leider nach und folgen dem Ego und dem Verstand.

Woher wissen Sie, dass Sie recht haben? Woher wissen sie, dass es so etwas wie ein Ego oder Denken überhaupt gibt? Dieses Ich redet uns ständig ein, etwas falsch gemacht zu haben, unwürdig, schuld oder unfähig zu sein. Lustig! Die Menschen glauben ihrem Ego immer das Negative, statt sich am Positiven zu erfreuen. Und das spiegelt sich auch im zwischenmenschlichen Verhalten. Macht uns jemand Komplimente, schwächen wir diese ab und glauben sie kaum. Sagt uns jemand etwas Böses, glauben wir ihm gleich, oder zumindest reagieren wir mit einem unguten Gefühl. Das zeigt uns, dass wir leicht zu manipulieren sind und auf alles hören, nur nicht auf uns selbst.

Doch bevor wir auf uns selbst hören können, müssen wir herausfinden, wer oder was wir eigentlich sind. Wie finden wir das heraus? Wie wissen wir, was unser Ego will oder unser Sein für uns möchte? Wie unterscheiden wir zwischen einem inneren Impuls und manipulativem Wollen? Im Grunde genommen ist es ganz einfach: Alles Gewollte, hinter dem eine Absicht steckt, bei dem ein Ziel verfolgt wird oder etwas erreicht werden will, geht vom Ego aus.

Alles, was ohne Absicht und frei von Wollen geschieht, ist auf einen inneren Impuls zurückzuführen.

Warum tut sich der Mensch so schwer, zwischen vorgegaukelten und echten Gefühlen zu unterscheiden? Warum erkennt er nicht einmal, woher seine Handlungen kommen?

Unser wahres Sein sagt uns niemals, was wir tun oder lassen sollen, da es kein Ziel verfolgt. Das was sein soll geschieht aus sich selbst heraus. Es passiert ohne Grund und ohne Absicht.

Es ist niemals richtig oder falsch, was wir tun, vielmehr handeln wir in jedem Augenblick genau so, *wie* wir handeln. Wir können ja nicht anders, als so zu sein, wie wir sind. Wenn *jetzt* jemand sagt, »das hättest du aber anders machen können« oder »warum hast du das nicht so oder so gemacht?«, dann hat er das Leben noch nicht durchschaut. Der Mensch ist keiner, der aus freiem Willen heraus handelt, sondern einer, der Dinge tut, die anstehen und sich ergeben. Wir sollten uns auch nicht darum scheren, was oder wie wir etwas tun sollen, sondern einfach tun, was sich im Moment anbietet und ergibt. Der Lebenskenner hat dies erkannt und fließt mit den Abläufen, ohne sie ständig verändern zu wollen.

Alles ist gut, wie es ist, erkennen wir das!

Die Intuition über die Gedanken stellen

Der Verstand schafft es immer, uns den Boden unter den Füßen wegzuziehen, weil er damit seine Machtansprüche geltend machen will. Wir fragen uns vielleicht des Öfteren, »ist das der richtige Job für mich«, »ist das der richtige Partner oder die richtige Partnerin, die richtige Wohnung für mich«. Seien wir uns bewusst: Es *ist* in dem Augenblick, in dem wir diese Frage stellen, der richtige Job, der richtige Partner, die richtige Partnerin, die richtige Wohnung. Wäre es nicht so, wäre es nämlich anders.

Das Problem ist nicht das, wonach wir fragen, sondern die Frage an sich. Fragen wir also nicht, ob dies oder jenes richtig für uns ist, fragen wir uns, wer die Frage stellt. Finden wir heraus, wer wir eigentlich sind – dann enden alle Fragen.

Die jeweiligen Lebenssituationen sind immer »richtig«, weil sie genau *jetzt* unserem momentanen Bewusstseinszustand entsprechen. Ob wir damit nun zufrieden sind oder nicht, spielt keine so große Rolle. Warum wollen wir denn immer zufrieden sein? Lassen wir uns doch auch einmal traurig sein und uns ein unangenehmes Empfinden aushalten und durchleben. Wir laufen ständig vor dem weg, was wir als unangenehm empfinden, und jagen dem hinterher, was uns gut tut. Es mag menschlich sein, aber es ist nicht normal. Normal ist es, jede Emotion anzunehmen und sie zu durchleben.

Nicht nur Glück hat das Recht hier zu sein, auch Schmerz darf bei uns zu Gast sein. Warum lassen wir das nicht einfach mal zu? Wer so handelt, wird schon bald erkennen, dass sich der Schmerz in Kürze wandelt. Aushalten und Hingabe macht stark, gibt Kraft und tröstet uns. Das ist gut. Jeder Mensch will ständig glücklich sein. Sie tragen ja auch nicht jeden Tag ein grünes Kleid oder einen roten Pullover. Erst eine ausgewogene Mischung macht das Leben interessant und lebenswert. Wer zwischen »ich fühle mich gut« und »ich fühle mich schlecht« nicht mehr unterscheidet und keines von beiden bevorzugt oder beeinflussen will, der hat das Lebensgeheimnis *wirklich* erkannt.

Es ist nicht schwierig zu lächeln, wenn alles rosarot ist. Wenn schwarze Wolken aufziehen, sollte man sich nicht davon beirren lassen. Wer weiterhin lächelt, ist ein weiser Mensch.

Warum leiden die Menschen? Warum gehen sie nicht über sich selbst hinaus? Warum interessieren sie sich mehr für materielles als für geistiges Gut? Weil es ihnen nicht bewusst ist, wer sie eigentlich sind, und dass sie jederzeit etwas ändern können. Umgehend und radikal kann sich ein völlig neues Leben einstellen, *wenn* wir hinschauen und erkennen, dass wir ständig in unseren Gedankenmustern hängenbleiben.

Das, was wir Leben nennen, findet in unseren Köpfen statt. Anstatt wirklich hier zu sein, sind wir dort, wo das Denken ist. Halten wir uns also dort auf, wo Glück ist – und das ist jenseits vom Menschsein und Denken angesiedelt.

Sich das Leben zu erschweren scheint einfach zu sein

Wir tun ja seit Jahren nichts anderes. Wann sind wir schon bereit, all die alten Verhaltensweisen von Grund auf zu hinterfragen und zu verändern? Eine feste Vorstellung macht es dem Ergebnis unmöglich, anders auszufallen, als wir es erwarten, obwohl es sich wesentlich besser entwickeln könnte, als es unsere Vorstellung jemals erahnen ließ. Vorstellungen stehen uns nur im Weg, genau wie das Wollen. Ständig warten wir auf eine Antwort, die uns das Leben erleichtern soll. Antworten sind aber meist stiller, als einem lieb ist, und es heißt nicht umsonst, dass keine Antwort auch eine Antwort ist.

Wer keine Antworten mehr braucht und sucht, dem wird das Leben automatisch anders begegnen. Wenn Erwartungen und Fragen abfallen, verändert sich etwas Grundlegendes. Jede Antwort finden wir in der Stille, weil letztlich Stille die Antwort ist. Sie ist immer schon vorhanden, und wer Ohren hat, der höre, doch wer mit dem Herzen hört, der hört wirklich. Grundsätzlich ist es nicht schlecht, Fragen zu stellen. Doch es geht niemals um die Frage. Es geht immer darum, *wer* diese Frage stellt. Wer das herausgefunden hat und zuvor überhaupt erst den Mut aufbrachte, es herauszufinden, der wird Unglaubliches entdecken. Und in dem, der dies entdeckt, werden sich jegliche Fragen verflüchtigen.

Das Leben ist kein Spiel. Eigentlich sollte es heißen: Das Leben ist kein Kindergartenspiel, auch wenn die meisten Erwachsenen sich so verhalten. Wir sollten dieser Phase längst »entwachsen« sein. Kindisches Verhalten ist schwer nachvollziehbar, und doch sind oder kommen wir alle einmal in die Lage, dass wir uns fragwürdig verhalten.

Jeder möchte besser sein als der andere, und deshalb schwärzen die Menschen sich gegenseitig an. Sie bleiben in Aussagen und Feststellungen hängen, um die es in Wirklichkeit gar nicht geht. Lassen wir diese Seiten hinter uns und hören wir auf unser Herz. Bleiben wir bei uns, und bevor wir am anderen oder an der Situation selbst etwas zu bemängeln haben, fragen wir uns doch einfach: »Was möchte uns das Leben damit zeigen? Was für eine Botschaft hält es für uns bereit? Das Leben ist eine Chance, sich wieder an seine eigentliche Identität zu erinnern. Erkennen wir das, was nur darauf wartet, wiederentdeckt zu werden. Seien wir jetzt dazu bereit und sagen wir zum Leben ja. Schauen wir genauer hin und denken wir einmal über das Bewusstsein nach, auch wenn es sich nicht denken lässt.

Was ist Bewusstsein? Wo ist es? Wie können wir es finden? Alles, was über die Sinne wahrgenommen wird, ist immer nur eine Reflektion unserer Innenwelt, und die scheint bei den meisten Menschen mehr als chaotisch zu sein. Wenn man das Ergebnis betrachtet, das wir als Welt bezeichnen, hat man den Beweis dafür. Viele bleiben in ihren eigenen Schatten stecken und glauben, dass der andere ein Problem hat oder das Problem ist. Dabei spiegelt einem der andere nur die eigene Unzulänglichkeit. Sich dessen immer bewusst zu sein ist ein wesentlicher Schritt, um ein Lebenskenner oder Lebenskünstler zu werden.

Aufrecht durchs Leben gehen

Auf die Haltung kommt es an, nicht auf den Inhalt

Nach dem Gesetz der Resonanz und dem Gesetz von Ursache und Wirkung laden wir genau das in unser Leben ein, was wir sind und von Innen ausstrahlen. Entsprechend können wir nur Liebe im Außen sehen, wenn wir in uns selbst diese Liebe sind. Wir sehen immer nur das, was wir im Moment in uns haben und was genau *jetzt* gespiegelt wird. Es gibt absolut keinen Zufall: Das Innere bewirkt das Äußere, und das Äußere strahlt ins Innere zurück.

Das alles wirkt natürlich auch durch unsere Körperhaltung und nonverbale Körpersprache auf unser Umfeld und auf die Menschen, denen wir tagtäglich begegnen, ob zu Hause, am Arbeitsplatz, in der Straßenbahn, in der Schule oder im Supermarkt. Sich dessen wirklich bewusst zu sein ist auf dem Weg zum Lebenskenner unerlässlich.

> Die äußere Haltung spiegelt lediglich die innere Geisteshaltung und die inneren Zustände wider.

Deshalb ist die grundlegende innere Klärung des Zustandes von enormer Bedeutung. Indem man zu Beginn des Tages alle Abläufe mit all seinen eigenen, beobachteten Denkansätzen und entsprechenden Handlungen mitschreibt, kann man dies besser überschauen. Dadurch können wir uns leichter bewusst werden, ob wir agieren oder reagieren.

Das ist ein signifikanter Unterschied im Leben eines praktizierenden Lebenskenners. Stellen wir uns jeden Abend und auch jeden Morgen vor den Spiegel und schauen wir uns einmal genau an. Was denken wir in diesem Augenblick? Was geht in uns vor, wenn wir uns selbst betrachten? Was fühlen wir in dem Moment? Das, was wir von uns selbst wahrnehmen, erkennt auch der andere an uns. Wenn wir uns als unschön, unsicher, minderwertig oder nicht liebenswert empfinden, wie soll es dann unser Umfeld tun?

Unsere Unsicherheit wird nach Außen reflektiert, und so steht bereits von Vornherein fest, wie wir wahrgenommen werden, weil wir es längst festgelegt haben.

Gehen wir statt mit gesenktem Kopf mit selbstsicherem und erhobenem Haupt durch das Leben, wird sich unser inneres Empfinden augenblicklich verändern. Dann strahlen wir unwillkürlich die Haltung aus: »Ich achte mich so, wie ich bin, und deshalb achte ich auch jeden und alles, dem ich begegne.« Beobachten wir, was dann geschieht! Es gibt im Außen nichts, das wir nicht selbst sind. Was auch immer wir tun, es setzt eine Wirkung, deren Ursache zu uns zurückfließt. In welcher Art und Geschwindigkeit dies geschieht, ist nicht so wichtig, da Zeit auch nichts weiter als eine Illusion ist. Wir sind so stark in der Manifestation verhaftet, dass wir sogar die Zeit als echt und wirklich empfinden. Sie ermöglicht es uns, uns in den Dramen des Egos zu verlieren. Wann werden diese Spiele enden?

Verweigern Sie die Teilnahme an diesem egozentrischen Spiel und setzen Sie ab sofort nur noch Ursachen, die erfüllend und wünschenswert sind. So schaffen Sie erst gar keine neue Unordnung mehr und harmonisieren Ihr Leben.

Es geht nicht darum, aus dem Verstand heraus Ursachen zu setzen, um persönliche Ziele zu verfolgen. Vielmehr geht es darum, den Unterschied zwischen einer natürlichen und künstlichen Ursache zu erkennen.

Kosmos heißt Ordnung!

Kommt die Ursache aus dem Kopf oder aus dem Herzen? Das ist hier die Frage. Sie selbst sind die Ursache, und wenn Sie nicht aus Ihrem Ego, sondern aus Ihrem Selbst heraus leben, dann wird die Wirkung anders und vor allem harmonischer sein. Wenn Sie Dünger auf den Boden gießen, wird die Pflanze gedeihen. Wenn Sie allerdings Gift verwenden, wird sie zugrunde gehen. Das Ego ist Gift für das Bewusstsein, dieses erblüht in der Hingabe und nicht im Wollen. Hingabe ist Dünger. Wollen ist Gift. Erkennen sie das. Wie? Indem Sie Ordnung schaffen. Kosmos heißt Ordnung!

Das Leben ist wirklich einfach, wenn man selbst einfach ist. Den Kopf im Himmel und die Füße auf der Erde, das ist die beste Lebenshaltung. Das heißt konkret: im Kopf spirituell mit der allumfassenden Allgegenwart eins sein, aus dieser heraus leben, sprechen und handeln; mit den Füßen fest auf der Erde verankert sein und sich über das Herz achtsam und liebevoll ausdrücken. Wer so lebt, dem fließt genau das zu, was er zum Leben benötigt.

Was wir benötigen, was uns angedacht und für uns vorgesehen ist, wissen wir nicht. Wir können es nicht wissen.
Lassen wir uns einfach überraschen. Warum wollen die
Menschen immer wissen, wie es weitergeht und was sie
erwartet? Es ist doch viel spannender und vor allem bewusster, sich täglich überraschen zu lassen. Nur so kann
ich spontan und intuitiv handeln und aus dem Augenblick
heraus leben. So entsteht auch nicht die Gefahr, alles zu
zerdenken und ständig in der Vergangenheit und der Zukunft
herumzuwandern.

Leben findet im Augenblick statt und nicht
danach oder davor! Erleben auch Sie jeden
einzelnen Moment und jeden Augenblick
immer wieder neu.

Der Augenblick ist etwas so Kostbares, ich werde in einem
späteren Kapitel noch näher auf ihn eingehen. Wer den
Wert des Momentes erkennt und ihn bewusst erlebt, wird
entsprechende Veränderungen in sein Leben ziehen, ohne
es zu wollen. Diese Veränderungen geschehen immer un-
auffällig und leise und nie so, wie der Mensch es erwartet.
Unserer Vorstellung nach muss alles immer auffällig geschehen und sichtbar sein. Die wirklich wertvollen Veränderungen bleiben vorerst unsichtbar. Wir erkennen sie erst

dann, wenn die Wahrnehmung über die Sinne von einer tieferen Wahrnehmung abgelöst worden ist.

Beginnen Sie aufrecht zu sein und eine geradlinige Haltung einzunehmen. Nicht nur der Körper sollte aufrecht sein, auch die Sichtweise, Einstellung, Verhaltensform und Geisteshaltung. Der Mensch lechzt nach äußerem Wandel. Dieser ist weder wichtig noch vordergründig. Er geschieht ganz von selbst, wenn wir »aufrichtig« darum bemüht sind, uns nach unserer eigenen Identität auszurichten und sie zu erforschen.

Beginnen Sie am besten gleich damit. Schließen Sie die Augen und spüren Sie, dass es etwas sehr viel Wertvolleres und Intensiveres gibt, als Ihnen weltliche Genüsse jemals bieten können.

Bestimmen Sie das Drehbuch Ihres Lebens selbst

Eigentlich ist es ganz einfach

Das Leben nach dem Tod ist das Leben vor dem Tod. Wie ist das zu verstehen? Warum ist das so? Da sich das Leben genauso wie der Tod auf einer unrealen Ebene befindet, ist beides illusionär. Beides entspringt der Dualität, auch wenn es unterschiedliche Schwingungsebenen sind. Der Tod kann nicht ohne das Leben existieren und umgekehrt. Beides bedingt einander, und obwohl sie uns verschieden erscheinen, sind beide

Teil der vergänglichen Welt. Sie sind Teil dessen, was wir als Realität bezeichnen. Also sind Leben und Tod aus geistiger Sicht eigentlich ein und dasselbe: Erfahrungsfelder, in denen wir uns erleben.

Das Erfahrungsfeld Leben nehmen wir anders wahr als das Erfahrungsfeld Tod, so viel steht fest. Aber im Grunde genommen unterscheiden wir nur zwischen ihnen, weil wir glauben, einen Körper haben zu müssen, um leben zu können. Doch auch wenn wir keinen Körper mehr haben, geht es weiter. Es ändern sich eigentlich nur das Erfahrungsfeld und der Umstand, dass wir keinen Körper mehr benutzen. Da wir aber nie unser Körper waren, verliert der Tod den Schrecken, wenn wir diese Einsicht in uns entdecken.

Eigentlich haben die Menschen ja nicht vor dem Tod, sondern vor dem Sterben Angst. Schmerzen und ein sogenanntes Dahinvegetieren würde man nicht gerade freiwillig wählen, wenn man denn die Wahl hätte. Da man nicht weiß, was der Tod ist, ihn auch niemand vor der Zeit kennen lernt, müsste man eigentlich auch keine Angst davor haben. Angst kann ich ja nur vor etwas haben, was ich kenne. Was ich nicht kenne, kann ganz anders sein, als ich es mir vorstelle. Also ist die Angst vor dem Tod wohl eher mit dem Sterbeprozess verbunden.

Was nach dem Tod passiert, haben wir uns wohl schon alle einmal gefragt. Warum fragt sich niemand, was vor dem Tod passiert? Was ist das, was wir als Leben bezeichnen? Ist es real? Wodurch ergibt es sich und wer steuert es? Dass Himmel und Hölle Ammenmärchen sind, weiß inzwischen wohl jeder. Wer ein dumpfes, träges und unzufriedenes Leben führt, wird nach seinem irdischen Dahinscheiden wahrscheinlich kaum in helle und lichte Sphären erhoben. Aber was auch geschieht oder nicht geschieht, wir sollten das Geschenk »Leben« in diesem physischen Körper nutzen, um geistig zu wachsen.

Wir werden in diese große Universität des irdischen Lebens geboren, um uns von selbst erschaffenen Wirkungen zu erlösen. Warum soll das so sein? Ursachen setzen wir in jedem Moment. Jeder Gedanke, jedes Gefühl, jede Handlung, ja unser ganzes »Sosein« ist eine Ursache. Wenn jedes Verhalten eine Wirkung erzeugt und Gedanken Wirkungen nach sich ziehen, dann kann man sich in etwa vorstellen, dass die Zahl der selbsterschaffenen Wirkungen unendlich sein muss. Es gibt keine Handlung ohne Folgen, und da jede Folge durchlebt und erfahren werden will, gibt es viel zu erleben.

Um zu erkennen und zu entdecken, was wir in Wirklichkeit sind, erleben wir Umstände, die uns teilweise auch unangenehm sind. Wären sie nur angenehm, würden wir wohl nie in Richtung »Selbst« sehen. Wir würden uns im egozentrischen Ich und Materiellen verlieren. Die Materie, also die Welt, ist grundsätzlich nicht schlecht. Sie ist aber nur dazu da, um uns in Richtung Heimat zu begleiten. Es gibt für sie keinen anderen Zweck, als uns Wegweiser zu sein. Und diese Wegweiser sind so unterschiedlich, wie sie unterschiedlicher nicht sein können. Sie sind die Vielfalt, die uns in die Einheit führt. Deswegen sind sogar Schmerzen jeglicher Art immer wertvoll, da sie uns dazu auffordern umzukehren. Und dazu ist es nie zu spät, aber auch nicht zu früh.

All dies sind keine Theorien oder meine Gedanken, es sind Erkenntnisse, die ich gewonnen habe und die auch Sie gewinnen können. Versuchen Sie es nicht zu verstehen. Sie müssen weder damit einverstanden noch dagegen sein. Lassen Sie es einfach auf sich wirken.

> Die Wirklichkeit kann nicht mit dem Verstand realisiert, sondern nur intuitiv erfasst werden.

Vom Ich zum Selbst erwachen

Erst wenn unser Ich sich verabschiedet, können wir leicht und unbekümmert leben. Dies ist das »Erwachen der Wirklichkeit«. Wer das tief in sich erfasst und sich der allgegenwärtigen universellen Kraft hingibt, der ist wahrlich ein Lebenskenner. Er wird staunen, wie reich das Leben ihn oder sie beschenkt.

Das Leben wartet ja nur darauf, uns mit den wunderschönsten Gaben zu überhäufen. Es ist Fülle pur, die nichts lieber tut, als in unser Leben zu treten. Wir sind so sehr von dieser Fülle umgeben, dass wir sie nicht sehen können und völlig blind für sie geworden sind. Warum? Weil sie unsichtbar ist. Sie ist das, was die sichtbaren materiellen Dinge erst erschaffen hat und bestehen lässt. Beim ersten Hinsehen wird sie unentdeckt bleiben. Wer aber beständig danach Ausschau hält, der wird sie eines Tages entdecken. Wer sich ihr bedingungslos öffnet, dem wird der Weg geebnet und vielfältige Hilfe zur Seite gestellt.

> Das Leben gestaltet sich neu, wenn Sie dazu bereit sind, es sich neu gestalten zu lassen und vor allem sich selbst zu erneuern.

Es fängt bereits damit an, wie und womit wir den Tag beginnen. Gleich nachdem wir am Morgen erwachen, setzt das bewusste Leben sein. Machen Sie doch einfach mit und verinnerlichen Sie jeden Augenblick. Spüren Sie in sich hinein und fühlen Sie Ihr Selbst. Sich jeden Augenblick auf das Allerbeste neu auszurichten ist *wahre* Lebenskunst. Nicht nur jeder Tag, sondern jeder Moment ist neu, wenn Sie ihn nicht einordnen, bestimmen oder ihm eine Ihrer berühmten Vorstellungen aufzwängen wollen. Jeder Atemzug vermittelt eine neue Chance, das Glück zu erfahren. Atmen, fühlen und spüren Sie in das Bewusstsein hinein.

Es ist Ihr Sein, das Ihre eigentliche Identität darstellt. Sagen Sie ja zu sich, zum Leben, zu allem, und nehmen Sie alles ausschließlich und bedingungslos an. Leben Sie in der Hingabe, denn nur sie wird belohnt.

Seine zurückgenommene Art und unnatürliches Verhalten kann man ändern. Durch Ärgern, Murren und Verurteilen wird das Leben nicht einfacher. Im Gegenteil, das macht es noch mühsamer, weil das Leben ja nur Ihr Verhalten, Empfinden und Ihre Gedanken spiegeln kann. Gibt es noch Menschen, die über das Wetter, den lauten Nachbarn, den langsam fahrenden Autofahrer schimpfen? Ja, es gibt sie, und wir selbst geraten schneller in so eine missliche Lage, als uns lieb und bewusst ist. Es sind nicht immer die anderen, die derart schrecklich sind. Diese schrecklichen Menschen spiegeln uns ja nur unsere eigenen Unzulänglichkeiten. Also sind wir diese Menschen selbst, und sie wollen auch mit uns nichts zu tun haben, sie reflektieren uns, und diese Einsicht ist Gold wert, wenn auch nicht sehr angenehm. Wie schnell sind wir beim Austeilen, und kaum ist etwas passiert, schon haben wir dem unseren Kommentar übergestülpt.

Es scheint dem Menschen ganz besonders zu liegen, Chaos in den Alltag zu bringen und Unruhe zu stiften. Das Leben wird unnötig verkompliziert, und dadurch bleiben wir im Kreislauf der Verhaftungen stecken.

Botschaften und Lebenstiefen im Alltag erkennen

Das Autofahren ist ein gutes Alltagsbeispiel, denn dabei verlieren wir alle schnell mal die Nerven oder haben sie verloren. Was will mir der objektiv langsam fahrende Verkehrsteilnehmer vor mir mit seinem Schneckentempo subjektiv mitteilen? Soll ich mich vielleicht etwas bremsen? Kann ich Geduld und Verständnis aufbringen? Drängle ich? Uns stellt sich die Aufgabe, unzählige Hinweise in uns selbst zu erlauschen. Wann können wir diese Hinweise erkennen? Bleibt mein Herz verschlossen oder entwickle ich das verlorengegangene Mitgefühl für das, was mir täglich begegnet? Und vor allem, wie sieht es mit dem Mitgefühl mir selbst gegenüber aus? Bin ich nachsichtig mit mir? Erlaube ich mir, Ängste zu durchleben und Schmerzen auszuhalten?

Es ist eine Herausforderung, sich dem Leben in jedem Augenblick zu stellen und es so zu belassen, wie es ist. Meistens wollen wir es anders, selten so, wie es sich zeigt. Doch es kann sich ja nur so zeigen, wie es ist, weil es unser Verhalten reflektiert. Also verändern wir dieses Verhalten und uns selbst und versuchen nicht die Welt zu verändern. Die Welt ist das, was *wir* sind, sie kann nur so sein, wie *wir* sie sehen wollen und sehen. Der Lebenskenner oder Lebenskünstler sieht die Welt sanft und nicht streng. Wer ihr hart begegnet, kennt weder das Leben noch sich selbst, das es zu entdecken gibt.

Vergessen wir also nicht, zwischendurch immer wieder kurze Pausen einzulegen, tief durchzuatmen und uns zu besinnen. Fragen wir uns: »Woher komme ich? Wohin gehe ich? Wann begann die Zeit? Wann endet sie?« Sich tiefschürfende Fragen zu stellen ist sehr hilfreich, um ins Jetzt zu kommen und sich dort als das eine Selbst zu erfahren. Dadurch erkennen wir, wie unwichtig das ist, was wir als Probleme bezeichnen, und was wir gerade noch als erstrebenswert erachteten, wird von uns abfallen. Nichts wird mehr sein wie zuvor, obwohl die Welt und das Umfeld an sich nicht anders geworden sind. Nur unsere Wahrnehmung und Sichtweise haben sich geändert. Wir glauben ja nach wie vor, dies oder jenes noch erledigen zu müssen, und setzen uns damit unter Druck.

Ersetzen wir die Formulierung »Ich muss« am besten durch eine andere. Wie wäre es mit »Ich darf«? Oder auch »Ich kann es«, »Ich mache es gerne« oder »Es ist mir eine Freude, dies oder jenes zu erledigen.« Diese Formulierungen haben eine ganz andere Energie. Jeglicher Druck schwindet, wenn Leichtigkeit einkehrt. Solange wir noch dagegensteuern, wird sich nichts ändern können. Wenn wir uns aber der Situation hingeben und das Beste daraus machen, stellen wir uns dem, was getan werden will. Dazu braucht es weder unseren Beifall noch unsere Ablehnung, es reicht, es still und sorgsam auszuführen. Dann erleben wir, wie leicht uns Dinge von der Hand gehen, die uns zuvor noch schwergefallen sind.

Mit dieser Einstellung geben wir dem Leben die Möglichkeit, uns auf allen Ebenen des Seins zu unterstützen. Denn gerade, wenn wir etwas nicht wollen, kann uns die universelle Kraft darüber hinwegtragen, damit es uns leichter fällt und besser gelingen kann.

> Wenn wir das, was wir tun, mit Freude tun oder es zumindest neutral ohne Widerstände erledigen, betreten wir neue Dimensionen.

Wenn wir einen Berg besteigen, geschieht Folgendes: Je höher wir steigen, desto klarer und weiter sehen wir. So ist es auch im Leben. Mit einer liebevolleren und bewussteren Lebenseinstellung und Verhaltensweise können wir in neue Bereiche vorstoßen. Dort werden wir erkennen, dass es in Wirklichkeit gar keine Grenzen gibt. Innere Grenzenlosigkeit setzt enorme Kräfte frei, die wir dann auch im Außen erleben.

Wozu etwas wünschen?

»Wunschverwirklichung« bedeutet, keine Wünsche mehr zu haben. Nur wer *jetzt* unter den gegebenen Umständen wunschlos glücklich ist, kann ein Lebenskenner sein. Der Lebenskenner ist ein Lebenskünstler. Und das Wort Kunst beinhaltet auch intuitive Leichtigkeit. Der Lebenskenner kennt das Leben, weil er sich erkannt hat. Mit Wissen hat das nicht viel zu tun, denn durch Wissen können wir uns nicht erkennen. Dies ist nur über Erfahrungen möglich, die jeder Einzelne selbst machen muss.

Je mehr Erkenntnisse wir gewinnen und Einsichten wir haben, desto stärker ziehen wir das an, was wir zum Leben wirklich brauchen. Dazu braucht es nicht viel und meistens ganz andere Dinge, als wir vermuten. Wer außer der universellen Kraft tief in uns weiß besser, was für uns gut ist? Deshalb braucht es Vertrauen. Die Hinwendung an das »All-Eine« ist absolut erforderlich, damit es für uns sorgen kann. Das Leben unterstützt uns immer. Auch wenn wir das nicht glauben können, es ist so. Es sind nur oft so viele kleine Unterstützungen, dass wir sie schon als selbstverständlich hinnehmen. Die großen wundersamen Dinge, die geschehen, schieben wir dann einfach auf den Zufall. Viele Dinge geschehen aber auch nicht, weil wir uns verschließen und nicht mehr öffnen.

Es gibt gewisse Schritte, die notwendig sind, und wir versäumen sie zu gehen, weil der Weg zu unklar ist. Wir sehen oft sogar die Wegweiser

nicht. Wie sollen wir dann den Weg erkennen?
Um transparenter, feinfühliger, intuitiver und
durchlässiger zu werden, bedarf es der Ruhe
und Innenschau.

Ruhe finden wir beim Innehalten, und Innehalten setzt Abstand zu den Dingen der Welt voraus. Das bedeutet nicht, dass wir sie meiden sollten oder nicht nutzen dürfen, sondern nur, dass wir uns selbst mindestens dieselbe Zeit zur Verfügung stellen, wie wir sie für Vergnügungen parat haben. Ich will nicht darauf hinaus, dass die zur Verfügung gestellte Zeit irgendwelchen persönlichen Belangen dienen soll. Wir sollten diese Zeit dem Selbst schenken, unserem ureigentlichen Kern, dem Bewusstsein.

Nur wir selbst stehen uns mit all unseren Träumen und Wünschen von materiellen Gütern im Weg. Wohlgemerkt, es ist weder gut noch schlecht, sich materiellen Reichtum zu wünschen. Wer durchschaut hat, dass Materie nur Illusion ist und nur in unseren Gedanken existiert, der wird sich auch nichts mehr wünschen. Wenn Sie in der Früh erwachen, leben Sie ja auch nicht den Traum weiter. Und das Leben ist nichts weiter als ein Traum – das gilt es zu erkennen. Wenn wir im Lebenstraum als vermeintliche Realität steckenbleiben, werden wir nie erfahren, was Leben wirklich ist.

Einfach natürlich und liebevoll sein

Übernehmen wir die absolute und kompromisslose Verantwortung für all das, was wir während des Tages tun. Gehen wir es mit Leichtigkeit und Freude an, und schon bald werden wir merken, dass sich in unserem Leben etwas verändert. Es hört sich nicht nur gut an, Menschen unvoreingenommen, urteilsfrei, herzlich, liebevoll und spontan zu begegnen, es kann auch für jeden zur Wirklichkeit werden.

Die Einsicht, dass es im Außen keine Probleme geben kann, die nicht im eigenen Innenleben entstanden sind, ist der Beginn eines sorgenfreien Lebens. Das ungemütliche Leben, das man durch hypnotisches, zwanghaftes Grübeln und ständiges sorgenerschaffendes Nachdenken manifestiert hat, kann Hier und Jetzt enden. Es gibt keine Schicksalsfügungen. Zumindest nicht so, wie wir es verstehen. Das Leben bestraft uns nicht, und es gibt auch keinen strafenden Gott. Es gibt nur blinde Menschen, die sich nicht als das erkennen, was sie tatsächlich sind.

Wenn ich sage, dass Sie Ihr Leben selbst verursachen, ist das bitte keine Schuldzuweisung. Warum? Weil Sie nicht anders handeln können, als sie es tun. Alles, was Sie als eine schlechte Handlung bezeichnen, ist gar nicht schlecht. Sie ist einfach so, wie sie ist. Zu einer schlechten Handlung wird sie erst, wenn Sie sie als solche bezeichnen. Das Leben ist immer so gut oder schlecht, wie der Mensch, der es als solches bezeichnet, selbst sieht.

Ob Sie bewusst oder unbewusst eine Wirkung erzeugen, Sie handeln in jedem Moment immer nur so, wie es Ihnen möglich ist. Sie können nie anders handeln, als sie handeln, denn sonst täten Sie es auch.

Wenn Ihnen dies einmal klar wird, dann beginnt ein neuer Lebensabschnitt. Das Bisherige bricht im wahrsten Sinne des Wortes in sich zusammen. Das heißt jedoch nicht, dass Sie künftig nichts mehr zu tun brauchen, sondern dass Sie alles nun wesentlich leichter, konzentrierter und bewusster angehen werden. Ganz egal, was das Leben Ihnen anbietet, Sie nehmen es gerne an. Sie erkennen das Geschenk in Ihren Aufgaben und stören sich nicht mehr an den augenscheinlichen Begebenheiten.

Hingabe
als Lebenskunst

Herr, schicke, was du willst,
ein Liebes oder Leides,
ich bin vergnügt, dass beides,
aus deinen Händen quillt.

Eduard Mörike

Viele Menschen sehen Hingabe
als Schwäche an und können
die darin enthaltene Stärke
nicht entdecken. Sich hinzugeben bedeutet nicht sich
unterzuordnen. Es bedeu-
tet vielmehr, sich mit
dem Lebensstrom zu
bewegen und nicht

dagegen. Es bedeutet auch, nicht die Flussrichtung verändern oder beeinflussen zu wollen. Mit kraftvoller, 100-prozentiger Hingabe fließt uns alles zu, was wir im Leben wirklich brauchen.

Was geschieht in uns, in mir, wenn wir uns wirklich hingeben und jeder einzelne Verantwortung für sein Tun übernimmt? Druck und Wollen fallen ab. Es entsteht Leichtigkeit. Diese Leichtigkeit ist von der Akzeptanz geprägt, das Leben als Selbstläufer zu sehen und zu wissen, dass alles seine Ordnung hat. Niemand braucht in der Welt für Ordnung zu sorgen. Alles ist in Ordnung, wenn wir erkannt haben, was wir in Wahrheit sind und was die Welt wirklich ist. Das Leben ist weder böse, noch will es uns bestrafen. Es ist unvorstellbar großzügig und wirft uns allen die Fülle und seinen Reichtum förmlich nach.

»Ja, Leben, ich will deinen Willen wollen. Bitte gib mir die Kraft und den Mut und das Vertrauen, das zu leben, was mir bestimmt ist.« Diese Sätze sollten nicht nur gedacht werden, sondern eine Grundeinstellung sein. Vertraue ich dem Leben, dann wird alles gut. Doch wie kann der Mensch vertrauen, der in seinen vermeintlichen Problemen versinkt und ständig darauf bedacht ist, etwas zu verändern, beeinflussen oder erreichen zu wollen? Wer so lebt, der vertraut nicht. Nur wer in problematischen Situationen im Vertrauen bleibt und sich gewiss ist, dass alles seinen Lauf nimmt und alles gut ist wie es ist, dem wird das Leben Lasten abnehmen.

In der Hingabe ist auch das Wort dienen enthalten. Mit diesem Wort haben viele Menschen ein Problem. Dienen ist gleich Untertan, so denkt der Mensch, und der Diener ist ein Untertan. Der Mensch aber will Chef, Befehlsherr und Lenker seines Lebens sein. Auch wenn er das Gefühl hat, dies zu leben, ist er es doch nicht. Es kann nie so sein, da der Mensch kein eigenständiges Individuum ist, das aus sich heraus funktioniert, handelt und agiert.

Finden wir also heraus, was uns lenkt und wer wir in Wirklichkeit sind. Nur so können wir das Wort dienen richtig verstehen und uns dem Leben bedingungslos fügen. Kaum einer will dienen, aber fast jeder will etwas *ver*dienen. Ein fürstlicher *Ver*dienst kommt vom Dienen, doch wir verstehen dieses Wort vollkommen falsch. Wir sollten nicht dem Vorgesetzten, dem Vermieter oder Ehemann dienen, sondern dem All-Einen, das sich hinter all diesen »Personen« verbirgt. Sobald man sich als dieses All-Eine in Allem wiedererkannt hat, ist dienen etwas Natürliches, da es ja nur uns als Selbst und somit der Allgemeinheit dient.

Wer den ewigen, universellen Gesetzen folgt, der öffnet sich für den lieblichen Glanz der universellen Liebe.

Wie heißt es doch in sämtlichen alten Schriften? Gott, der Geist, ist allmächtig, allwissend und allgegenwärtig. Alles ist diese eine Kraft. Alles ist Eins. Ob wir das wissen, glauben oder ablehnen, es ist so und nicht anders.

Die Dinge sind selten so, wie sie zu sein scheinen, eigentlich nie. Die Sinne gaukeln uns etwas vor, was nicht real sein kann. Wenn wir die Hand vor die Augen halten und sagen, es ist dunkel, scheint dennoch die Sonne, auch wenn wir sie nicht sehen können. Die Sonne wird von dem Schatten, den sie auf die Erde wirft, nicht berührt oder betroffen, noch weiß sie, dass sie überhaupt Schatten wirft. Sie scheint einfach, und ohne sie wäre Leben auf diesem Planeten gar nicht möglich.

Genauso ist es mit der einen universellen Kraft. Ohne sie wären wir nur ein lebloser Hohlraum, der nicht lebensfähig ist. Alles Leben entspringt dem All-Einen. Es ist ewig und es ist das, was wir in Wahrheit sind. Wenn sich in uns die Schleier langsam zu lichten beginnen, werden wir das, was wir nie waren, allmählich intuitiv entdecken.

* * *

Stellen wir uns doch einfach vor, dass wir jede Arbeit, die wir zu verrichten haben, für diese eine Kraft tun, ob sie uns nun erfüllt oder nicht. Die Wirkung wird uns sehr überraschen und fast unglaublich erscheinen. Alles bekommt einen neuen Stellenwert, eine ganz neue Dimen-

sion. Wer putzt schon gerne seine Fenster? Tun Sie es doch einmal für die universelle Kraft. Stellen Sie sich vor, Ihre Wohnung oder Ihr Haus ist das Zuhause von Gott. Seine Fenster zu reinigen fühlt sich ganz anders an, als seine eigenen zu säubern. Oder denken Sie sich, dass sie bei jeder Handlung von der höchsten Instanz aller Instanzen beobachtet werden. Sie werden achtsamer und aufmerksamer sein und die Dinge bedachter angehen und tun. Es ist unglaublich, welche enormen Wirkungen so kleine Gesten, Gedanken und Ideen auslösen und herbeiführen können. Hier kommt das Gesetz von Ursache und Wirkung ganz klar zum Ausdruck. Und so geschieht es in allen Lebensbereichen. Nur ist es nicht immer gleich so offensichtlich. Deshalb ist eine bewusste Ausrichtung sehr empfehlenswert. Auch wenn man etwas nicht machen will, ist man sich gewiss: »Ich mache es für Gott.«

Verantwortung als Lebensgrundsatz

Mit einfachen Mitteln zufrieden sein

Öffnen wir unser Herz, gehen wir mit sanften Augen durch den Tag, ernähren wir uns bewusst, indem wir unsere Mitgeschöpfe, die Tiere, achten und aufhören, sie maßlos zu mißbrauchen. Wir Menschen haben die Möglichkeit, uns aus der pflanzlichen Vielfalt zu bedienen, die uns ganzheitlich erstarken lässt. Dadurch erneuert sich auch die Zellstruktur, die darauf vorbereitet wird, vermehrt Licht aufzunehmen, was natürlich dem geistigen

Wachstum sehr zugute kommt. Dadurch wird unser ganzes Sein auf eine höhere Schwingungsebene gebracht. Es stellt sich ein unglaubliches Wohlbefinden ein, der Körper wird total verjüngt und erneuert.

Das sollte allerdings nicht der Hauptgrund für vegetarische Ernährung sein, sondern eine Nebenerscheinung. Das Mitgefühl und die Liebe zu allen Wesen, die ein Gesicht haben, sollten als vorrangig betrachtet werden. Diese Verantwortung für unser Handeln allen Mitgeschöpfen gegenüber tragen wir in uns, und es zeigt sich in unserem gesamten Verhalten.

Natürlich hat dies mit Bewusstheit zu tun, denn nur, wenn wir uns unseres Tuns voll bewusst sind, werden wir ganz automatisch Dinge, die uns im Grunde unseres Wesen schwächen, leichter durchschauen und einfach von uns abfließen lassen. Dafür brauchen wir lediglich im Moment zu sein. Im Hier und Jetzt! Und auch das kann man nicht wollen. Sobald man es will, ist man schon wieder voll im Ego und stärkt es willkürlich. Deshalb eignen wir uns an, *nichts* zu beabsichtigen und *nicht* nichts zu beabsichtigen.

Sind Sie bereit, die universelle Kraft jederzeit in sich zu empfangen? In jedem Augenblick ist sie in uns und da, ob wir es fühlen oder nicht. In jedem Menschen, in jedem Tier, jeder Kreatur, jeder Pflanze sowie in der Luft, die wir atmen, ist sie allumfassend gegenwärtig.

* * *

Stellen wir uns vor, die Kraft hat eine Gestalt. Sie kommt zu uns auf Besuch und beehrt uns mit ihrer Größe. Was bieten wir ihr an? Wie verhalten wir uns ihr gegenüber? Sind wir authentisch? Sie sieht durch uns hindurch bis auf den Seelengrund und kennt all unsere Gedanken, Sorgen und Nöte. Sie kennt aber auch unserer Stärken und Schwächen, ja unser ganzes Leben.

Es nutzt nichts, sich zu verstellen, sie zu belügen oder sich vor ihr zu verstecken. Wir würden nur uns selbst belügen und zu uns selbst unehrlich sein.

Die Kraft des All-Einen kennt unser ganzes Wesen. Sie wartet nur auf uns, jederzeit, weil sie uns mit unendlicher Geduld liebt. Sie ist immer »Hier«, nur wir sind es leider nicht.

1. Fragen Sie sich nun, ob Sie ehrlich zu sich selbst sind.
2. Was hindert Sie daran?
3. Von welchem unerlösten Glaubenssatz oder Glaubensmuster lassen Sie sich immer wieder in alte, unschöne, unbefriedigende und beängstigende Situationen hineindrängen?

* * *

Dinge zu tun, die man eigentlich gar nicht tun will, das geschieht ständig. Warum sonst kommt es zu so unglaublichen Begebenheiten, über die man sagt: »Dies oder jenes habe ich nicht so gewollt.« Und doch ist es passiert, weil es einen förmlich in diese Situation hineinzieht. Solche Erfahrungen sind notwendig, um etwas Grundsätzliches zu erkennen. Sie stellen sich ein, damit wir etwaige Einsichten gewinnen und wir dadurch eben dieses Muster oder den jeweiligen Glaubenssatz, der uns dies tun ließ, erkennen.

Achten wir auf innere Einkehr in uns selbst, auf ausreichend Ruhe und genügend Schlaf. Nehmen wir uns, bevor wir zu Bett gehen, die Zeit, um ein Dankgebet zu sprechen.

Bedanken wir uns, dass der Tag so wundervoll und zufriedenstellend gewesen ist. War er das nicht, dann danken wir dafür …

… *dass er vorübergegangen ist.*

… *dass er nicht schlimmer war.*

… *dass wir so stark waren, ihn zu ertragen.*

… *dass wir so souverän damit umgegangen sind.*

… *dass er sich in dieser Art und Weise nicht mehr wiederholen wird.*

… *dass uns der Schlaf nun sanft abholt.*

… *dass unser müder Körper sich nun erholen darf.*

… *dass wir am nächsten Morgen wieder erfüllt erwachen werden.*

Was bedeutet eigentlich Verantwortung?

- Bewusstes Handeln: sorgfältige und achtsame Auswahl der Aktivitäten
- Umsichtiges Handeln: Voraus- und Weitsicht, unbegrenzte, neutrale Sichtweise
- Emotionales und intuitives Handeln: Spontaneität leben und nichts »zerdenken«
- Selbstverantwortung hinsichtlich der Gedankenkraft und ihrer Auswirkungen: sich der Kraft seiner Gedanken und Gefühle bewusst sein (»jedem Gedanken folgt eine Wirkung«)
- Ganz im Hier und Jetzt leben, aus dem Augenblick heraus: dies bedarf *keiner* Zukunfts- und Vorsorge, denn wer mit dem Herzen handelt und wirklich anwesend ist, kreiert wundervolle und harmonische Wirkungen
- Mitverantwortung hinsichtlich Lebensart und -stil
- Eigenverantwortung hinsichtlich der Umwelt und volles Bewusstsein der Ursache und möglichen Wirkungen des eigenen Handelns

Wenn das Licht aus meinem Blick entfernt ist und
meine Gattin schweigt, da sie meine Gewohnheit kennt, überprüfe ich meinen ganzen Tag
und gehe meine Taten und Worte erneut durch;

dabei verberge ich nichts vor mir selbst und
übergehe nichts.

Seneca

Gehen wir mit den alltäglichen, kleinen Dingen, die in
unserem Alltag so selbstverständlich erscheinen, einfach
liebevoller und achtsamer um.

Nehmen wir beispielsweise das Wasser. Unser Körper
besteht aus siebzig bis achtzig Prozent daraus. Das ist
enorm. Also ist Wasser der wichtigste Bestandteil des Lebens überhaupt. Trinken wir es, als ob wir das Kostbarste
trinken würden. Segnen wir es und trinken wir es langsam
und bedachtvoll – immer mit dem Bewusstsein, dass es
uns am Leben erhält und mit viel Liebe in uns einfließt.
Wie schmeckt es? Ist es weich oder hart?

Für viele Menschen mag es sich eigenartig anhören, wenn
ich sage, dass wir auch für das Wasser eine Verantwortung
tragen. Es gibt nichts, dass wir ausschließen können. Wir
lassen das Wasser unnötig laufen, und auch vor der Nahrung
haben wir den Respekt verloren. Viel wird weggeworfen,
der Überkonsum sitzt uns im Nacken.

Beginnen wir mit kleinen Schritten, uns wieder einer
Wertschätzung anzunähern. Nur wer dem Leben so gegen-
übertritt, den wird das Leben auf dieselbe Art und Weise
behandeln. Alles, was wir vergeuden, sollte zuvor nochmals

überdacht werden. Dies gelingt mit Achtsamkeit und bewusstem Hiersein.

Nur wenn wir den Augenblick voll wahrnehmen
und uns ganz unserem momentanen Tun widmen,
werden wir das Augenblickliche wertschätzen
und achten.

Wir sollten allem mit Respekt und Verantwortung gegenübertreten. Alles ist kostbar. Alles, was existiert, ist ein Glied einer Kette, das geachtet werden soll. Das Wasser ist ein besonderer Schatz. Es ist ein klares Lebenselixier, ohne das physisches Leben überhaupt nicht möglich wäre. Genießen wir diesen Reichtum, den uns das Wasser schenkt. Es ist das Wasser des Lebens. Es ist kostenlos, und es fließt tagein und tagaus. Selbst vom Wasser können wir etwas lernen – und zwar einfach nur zu fließen.

Von der Kunst, in allem ein Geschenk zu sehen

Wie die Dinge wirklich sind

Manchmal geschehen Dinge, die uns einfach Unbehagen bereiten. Es gibt Situationen, die uns stressen und nerven und denen wir gar nichts Gutes abgewinnen können. Meinen wir jedenfalls. Beim ersten Hinsehen. Da werden wir nichts Gutes entdecken können, wenn uns eine unangenehme Situation widerfährt. Doch beim genaueren Betrachten ist da etwas, was an sich gut ist, auch wenn es sich zunächst verdeckt halten wird. Wie können wir das Gute in dem erkennen, was wir als schlecht bezeichnen?

- **Der erste Schritt** besteht darin, uns einmal genauer anzusehen, *warum* wir etwas als »schlecht« bezeichnen.
- **Der zweite Schritt** ist der zu erkennen, wer die Situation ablehnt. *Wer* empfindet die Gegebenheiten als unangenehm? *Wer* ist dagegen?
- **Der dritte Schritt** verlangt, die Dinge tiefer zu erfassen und die Zusammenhänge zu *durchschauen,* die nie so sein können, wie wir sie über die Sinne wahrnehmen.

Gehen wir als Geschenk durchs Leben. Seien wir ein Geschenk für andere. Materie ist vergänglich. Wir besitzen nichts. Uns gehört nichts. Es ist alles nur geliehen, und wir können nichts mitnehmen. Wenn wir uns dessen gewahr sind, fällt es uns besonders leicht zu *leben* und zu *sein.* Das letzte Hemd hat keine Taschen.

Daher erkennen wir: Alle Menschen sind gleich, egal ob arm oder reich, welche Hautfarbe sie haben oder welcher Religion sie angehören. Das ist vollkommen unwichtig. Was wirklich zählt ist zu erkennen, *wer* wir in Wahrheit sind. Entdecken wir das, was wir nie waren, und welch ein Geschenk es ist, als Mensch *jetzt hier* zu sein. Dadurch haben wir die Möglichkeit, uns als das eine Selbst zu entdecken und zu uns selbst zu erwachen. Welch ein Geschenk, das uns da zuteil wird! Schon jeden Tag aufzuwachen ist ein Segen.

Ein Sprung, der in die Freiheit führt

Das Leben, alles was geschieht, was es auf der Welt gibt und uns widerfährt, als Geschenk zu sehen ist der Anfang eines bewussten Lebens. Mit dem folgenden Leitfaden wird es Ihnen gelingen. Es sind von mir jahrelang erprobte Schritte, einzigartig und effektiv. Vielleicht haben Sie bereits davon gehört und sagen sich jetzt: »Das kenn ich ja schon!« Tappen Sie nicht in die »Das kenn ich schon«-Falle, sondern verinnerlichen Sie die folgenden Schritte. Nur wer sie lebt, wird alle Teilbereiche des Lebens als ein einziges Geschenk erkennen können. Das Wissen allein reicht nicht aus, um die Wertigkeit des »Hierseins« zu entschleiern und wirklich alles dankbar annehmen zu können. Der Lebenskenner und Alleskönner ist ein Lebenskünstler – und er beherrscht die folgenden Punkte, weil er erkannt hat, wie das Leben funktioniert. Wagen Sie den Sprung!

- **Seine Aufmerksamkeit bewusst von dem abziehen,** was nicht sein soll, und konsequent auf das richten, was sein soll.
- **Dem Leben nur noch die richtigen »Anweisungen« geben** und selbst zur wirkungsvollsten Ursache werden.
- **Sich für den »Weg der Freude« entscheiden und ihn in Freude gehen.** Nichts tun, was man als unangenehme *Arbeit* bezeichnen würde, sondern *Auszeit* auf Lebenszeit, »Urlaub für immer« praktizieren. Was man

gerne tut, das wird auch gelingen, und was gelingt, wird ein Erfolg. Alles, was sein soll, geschieht in absoluter Leichtigkeit, weil es vom Leben geführt ist.

- **Nur noch die richtigen Entscheidungen »treffen«.** Entscheidungen werden nicht mehr vom Verstand getroffen, sondern intuitiv aus dem Herzen. Die Entscheidung steht bereits fest, bevor man sie denkt, ausspricht oder ausführt. Spontanes, intuitives Handeln geschieht automatisch und wie von selbst. Wer erst darüber nachdenkt, denkt die bevorstehende Aufgabe zu Tode. Lösungen findet man in der Stille und im direkten Handeln. Wenn Ihre Entscheidungen stimmen, dann stimmen auch die Ursachen, die Sie setzen, und wenn die Ursachen stimmen, wird die entsprechende Wirkung geschehen. Es wird das »in Erscheinung treten«, wofür Sie sich unpersönlich entschieden haben.

- **Mit Beharrlichkeit dranbleiben.** Eine Aufgabe ist da, um vollzogen zu werden. Sie ist erst erledigt, wenn sie erfolgreich abgeschlossen und zu Ende gebracht ist. Solange sie nicht erledigt ist, ist sie auch noch nicht beendet. Wenn sie nicht beendet ist, soll sie zu Ende gebracht werden, und das in jedem Fall. Auf diese Weise wird jedes einzelne Vorhaben zum Erfolg führen. Gewöhnen Sie sich an, *jetzt* immer erfolgreich zu sein, und hören Sie nicht mehr damit auf. Es lohnt sich!

- **Die »energetische Signatur« optimieren.** Das, was Sie ausstrahlen, strahlt in ihr Leben zurück. Was Sie hineingeben, fließt zurück. Alles ist ein Spiegel Ihres Soseins. Das, was Sie ausstrahlen, habe ich »energetische Signatur« genannt, denn sie verursacht die Wirkungen, die Sie später als Zufall, Geschenk, Glückstreffer oder Problem bezeichnen. Ihre persönliche Ausstrahlung, ihr Charisma, ist ein »Dauerauftrag« an das Leben, die entsprechende Ereignisse und Lebensumstände erschafft.

- **Als Gewinner leben.** Merken Sie sich meinen Lebensleitsatz, der mir immer Glück gebracht hat und in vielen Situationen sehr dienlich war. »Zuerst gewinnen, dann beginnen.« Damit ist gemeint, den erwünschten Endzustand vor dem Start geistig in Besitz zu nehmen und sich als Gewinner auf allen Ebenen vorzuerleben. *Sie sind jetzt bereits am Ziel,* und deshalb können Sie es ganz klar fühlen und sehen. Gewinner und Verlierer stehen immer schon am Start fest, auch wenn es einem nicht bewusst ist. Es ist kein Geheimnis, dass die Art und Weise, wie man an Dinge herangeht, unweigerlich Einfluss auf den Verlauf und Ausgang einer Sache nimmt. Entscheiden sie sich *jetzt,* ein Gewinner zu sein, und es wird sich genau so fügen. Ob Sie sagen: »Ich schaffe das nicht«, oder: »Ich schaffe das«, spielt keine so große Rolle – Sie werden in jedem Fall Recht behalten!

- **Optimieren Sie Ihre Gewohnheiten.** Richten Sie Ihre ganze Energie auf Erfolg und legen Sie sich so erfolgsvermehrende Gewohnheiten zu. Nach dem Energieerhaltungsgesetz wird das letztlich *immer* zum erwünschten Erfolg führen. Alle Ihre Gewohnheiten sind Ursachen, die Wirkungen nach sich ziehen. Formen Sie Ihre Gewohnheiten. Lassen Sie alte Gewohnheiten los und legen Sie sich neue zu, die zu Ihnen passen und bewusst und sinnvoll sind. Entscheiden Sie sich für »reichhaltige« und fruchtbare Gewohnheiten, wodurch sich ein reicher Ertrag einstellen wird.

- **Segensreich und liebevoll leben.** Werden Sie jedem zum Segen, dann wird Ihnen alles zum Segen gereichen. Wer alle und alles liebt, wird mit Liebe überschüttet werden. Ich meine hier nicht die zwischenmenschliche Zuneigung, sondern wirklich tiefe Erfahrungen, die intensiver als Gefühle sind. Gefühle sind menschlich. Liebe aber definiert sich zwar über den Menschen, aber sie ist nicht von dieser Welt. Sie ist das, was die Welt ausmacht und am Leben erhält.

- **Loslassen, was nicht mehr zu Ihnen gehört.** Unzählige Dinge tummeln sich in Ihrem Leben, die zwar noch einen Platz haben, aber eigentlich gar nicht mehr stimmig sind. Der Mensch verändert sich, und die Umstände verändern sich. Doch gewisse Dinge, Gewohnheiten und Umstände schleppt man mit sich herum, obwohl sie längst überholt sind. Lassen Sie los, was nicht mehr zu Ihnen gehört, und entschließen Sie sich, *jetzt* frei zu sein. Das ist eine Entscheidung, die sich lohnt. In dem

Maße, wie Sie das »Falsche« loslassen, beginnt das »Richtige« Ihr Leben zu bestimmen. Dazu ist es nötig, einen Raum zu erschaffen, in dem sich das Neue entfalten und heranwachsen kann. Dieser Raum ist in Ihnen. Wenden Sie sich ihm mehrmals täglich zu, damit das Unstimmige aus Ihrem Leben abfließen kann.

Welch ein Geschenk, wenn Sie diese Punkte in Ihr Leben einbringen und umsetzen können. Es wird Ihnen einiges leichter fallen, und viel fällt von Ihnen ab. Natürlich ist diese Vorgehensweise nicht neu, aber kaum einer lebt sie. Jeder sagt: »Das kenne ich schon«, und lässt es links liegen. Wird denn ein Hungriger davon satt, dass er weiß, das Essen wird ihn satt machen? Er muss schon essen, um seinen Hunger zu stillen. Mit dem Hunger der Seele ist es nicht anders. Wir brauchen nicht irgendwelchen spirituellen Techniken hinterherjagen und Hunderte von Übungen machen. Wir können hier und *jetzt* erkennen, dass Wissen nur gelebt und *erfahren* werden muss, damit sich etwas verändert. Es geht um Einsichten und Erfahrungen und nicht um körperliche Anstrengungen, die uns irgendwo hinführen. Wo wollen wir hin? Wir sind längst schon da, nur bemerken wir es nicht.

Wir suchen das Glück in großen, außergewöhnlichen und spektakulären Dingen, anstatt es in den einfachen Dingen zu erkennen.

Das eigentliche Geschenk des Lebens ist ein einfaches Hiersein. Wir haben verlernt, unsere Natürlichkeit zu leben, und sind sehr künstlich geworden. Doch wer ein unnatürliches und gekünsteltes Leben lebt, der ist kein Lebenskenner. Im Gegenteil: Der Lebenskenner hat längst schon entdeckt, dass die Kunst des Lebens darin liegt, die Größe und Fülle in den kleinen und einfachen Dingen zu entdecken.

Der letzte Punkt, um weicher und transparenter zu werden und eines Tages in allem ein Geschenk sehen zu können, war das Loslassen. Loslassen klingt schwieriger, als es ist. Es ist im Grunde genommen ganz einfach. Man darf es nur nicht wollen oder erzwingen. Loslassen ist kein willentlicher Prozess, bei dem sich jemand vornimmt, etwas zu tun. Vielmehr ist es ein Seinlassen. Durch wahres Seinlassen, das eine Geisteshaltung ist, fallen Ungereimtheiten und unglückliche Missstände des Lebens automatisch von einem ab. Warum? Wer dem, was er ablehnt, keine Energie mehr gibt und es nicht mehr mit Aufmerksamkeit versorgt, entzieht ihm den Nährboden. Es stirbt ab, es erlischt und verschwindet. Wenn wir etwas Widerstand entgegenbringen, wenden wir Energie auf, die das Unerwünschte bewahrt. Wir sollten also nicht nur die Umstände loslassen, sondern vor allem auch die Widerstände. Sie sind es, die so zäh an uns haften und Veränderungen verhindern.

Die Kunst
des Loslassens

Festhalten ist anstrengender
als Loslassen

Loslassen ist wirklich ganz einfach.
Wer nicht mehr festhält und die Situation nicht mehr mit Energie in Form
von Hinwendung, Nachdenken und
Aufmerksamkeit versorgt, dem
wird sie entschwinden. Ein Ab-
wenden sorgt zuverlässig dafür,
dass alles von einem abfällt,
was nicht mehr zu einem gehört. Ist das nicht der Fall,
dann halten Sie unbewusst
fest, ohne es wahrschein-
lich überhaupt zu be-
merken. Welche Grün-

de gibt es, an Dingen festzuhalten, die Sie gar nicht haben wollen. Haben Sie sich Ihr Leben so vorgestellt, wie es *jetzt* ist? Oder gibt es vielleicht Lücken, Unstimmigkeiten oder einen Bedarf an Erneuerung?

Es geht gar nicht um das Loslassen selbst, sondern darum zu erkennen, weshalb Sie noch festhalten. Es gibt viele Gründe, warum Sie bisher nicht loslassen konnten. Vielleicht ist es die Angst vor etwas, eine Sehnsucht nach etwas oder ein Zorn über etwas. Erst wenn Sie das Warum erkannt haben, werden Sie es schaffen, dem keine weitere Aufmerksamkeit mehr zu schenken. Und dadurch wird es sich automatisch verabschieden.

• *Klare Definition*
Was steht Ihnen im Weg? Woran halten Sie fest? Definieren Sie genau, was Sie loslassen möchten. Lesen Sie die folgende Liste gut durch. Sie werden staunen, wie viele Punkte in Frage kommen. Vielleicht können Sie die Begriffe sogar erweitern und welche hinzufügen, die auf Sie zutreffen. Nehmen Sie sich die Zeit, um Ihr Thema ganz klar zu definieren. Es ist der erste Schritt auf dem Weg, das, was nicht mehr zu Ihnen passt, hinter sich zu lassen.

• *Angst*
• *Ärger*
• *ein falsches Selbstbild*
• *Mangel*

- *falsche Gewohnheiten*
- *ein schlechtes Gewissen*
- *eine nicht erfüllende Tätigkeit*
- *Empfindlichkeit*
- *falsche Vorstellungen*
- *Krankheit*
- *Partnerschaft*
- *Gedankengänge*
- *Ziele*
- *Leid*
- *Misserfolge*
- *Probleme*
- *die Opfermentalität*
- *Schuldgefühle*
- *Stress*

- _____
- _____
- _____
- _____
- _____
- _____
- _____

Vielleicht möchten Sie aber auch nur das, was Sie wollen oder sich wünschen, hinter sich lassen, ihre lange gehegten Sehnsüchte. Ich weiß nicht, ob es leichter ist, Dinge loszulassen, die man hat, oder Vorstellungen und Träume, die man nicht hat. Beide Zustände zehren am Nervenkostüm und verhindern Veränderungen. Es sind träge und schwere Anhaftungen, die uns kaum einen Augenblick gedankenfrei sein lassen. Ständig denkt man nach und lässt sich in den Bann der Gedankenwelt ziehen, die dauernd etwas fordert oder loswerden will. Es gilt, die Gedanken zu durchschauen und zu erkennen, wo sie herkommen und was es mit Ihnen in Wirklichkeit auf sich hat.

Es gibt unzählige Dinge, die nicht notwendig sind. Spüren Sie sie auf und treten Sie ihnen von Angesicht zu Angesicht gegenüber. Wer sich dem Feind stellt, wird sich ihn zum Freund machen und für sich gewinnen. Alles kann sich zum Positiven wenden, erkennen Sie das und erkennen Sie es an. Wer loslässt, wird der Wirklichkeit begegnen.

• *Wo liegt die Ursache?*
Warum haben Sie das, was nicht mehr zu Ihnen passt oder gehört, bisher nicht loslassen können? Überprüfen Sie, aus welchen Gründen Sie sich nicht lösen können. Welche Muster, *Unentschlossenheit,* Hindernisse, *Überzeugungen,* Fehlprogramme, *Erwartungen,* Blockaden, Verhaltensweisen und Gewohnheiten hindern Sie daran? Ist es vielleicht nur Unsicherheit oder ein schlechtes Gewissen, das Sie der

momentanen Situation verhaftet bleiben lässt? Fehlt Ihnen der Mut, den Schritt zu wagen, zu dem Ihr Herz Ihnen rät? Wo hören Sie noch auf den Verstand, der Sie mittels Sicherheitsdenken, Überlegungen und Abwägungen davon abzuhalten versucht, den nächsten Schritt zu tun?

Analysieren und überdenken Sie die Ursache nicht, sondern *spüren* Sie in sich hinein. Ein derartiges Herausfinden und Bewusstwerden reicht aus, um sich seines Verhaltens gewahr zu werden.

• *Das Hindernis beseitigen*

Das Hindernis mag sich im Außen befinden, doch es wurde durch das innere Verhalten verursacht. Die geistige Haltung spiegelt durch die Art und Weise, wie Ihnen die Welt begegnet, Ihr Bewusstsein wieder. Ihr Leben zeigt Ihnen auf, wo Sie stehen und welche Schwachpunkte und Unzulänglichkeiten in Ihnen schlummern. Dafür sollten Sie dankbar sein! Haben Sie diese Schwachpunkte erkannt, können Sie damit beginnen, sie zu beseitigen.

Alles ist immer nur eine Spiegelung Ihres Seins
und entspricht somit zu 100 Prozent Ihrem Wesen.

Diese Einsicht ist notwendig, um sich aus veralteten und überholten Strukturen zu lösen. Ändern Sie *jetzt* Ihre Haltung! Das, was Verhinderungen und Behinderungen erzeugt hat, kann *jetzt* umprogrammiert und losgelassen werden. Indem Sie sich *ab sofort* daran erinnern!

Bevor Sie also einen Job, einen Partner oder eine Wohnung loslassen, bedarf es der Ursachenfindung, damit Sie sich überhaupt lösen können. Nehmen wir an, Sie haben in einem Raum hunderte Müllsäcke stehen. Mit der Zeit beginnen diese übel zu riechen. Wenn Sie nur die Tür zumachen, reicht das nicht aus. Sie müssen sie aus der Wohnung tragen. Doch wenn Sie nicht wissen, wer sie hineingestellt hat, wird derjenige es vielleicht wieder tun. Das Problem wird also erneut auftauchen. Wenn Sie es selbst waren und unbewusst getan haben, weil Sie etwa in Gedanken waren, werden Sie es künftig erst sein lassen können, wenn Sie sich Ihrer Tat bewusst geworden sind. Daher ist es immer wichtig zu wissen, welche Ursache die Wirkung erzeugt hat. Die Wirkung verabschieden zu *wollen,* beendet das Unerwünschte noch lange nicht. Das »Abenteuer des Loslassens« ist erst beendet, wenn es nichts mehr loszulassen gibt. Erst dann sind Sie wirklich bei sich selbst angekommen.

Loslassen ist der erste und der letzte Schritt auf dem Weg zu sich selbst, zu dem, der Sie wirklich sind.

Einfach Hiersein

Die Neugier auf mehr

Nur im Hier und Jetzt wird man Zufriedenheit finden. Dieses Hiersein ist unser ursprüngliches Zuhause. Es ist das, was in uns seine Wirkung entfaltet, uns beflügelt und frei von Denken und Nach-Denken ist.

Wer wirklich *hier* ist, denkt nicht. Wer denkt, ist nicht *hier*. Er mag körperlich anwesend sein, aber nicht geistig. Geistige Anwesenheit hat mit Denken nichts zu tun. Es bedeutet, im Moment zu verweilen und sich seiner wahren Identität bewusst zu sein. Wer wirklich *hier* ist, hat erkannt, dass er *nicht* der Körper oder sein Denken ist.

Das Hiersein ist etwas Kostbares. Es wartet ganz still darauf, dass alle egozentrischen Machenschaften wie Machtgier, Kontrolle, Gier, Hass, Lieblosigkeit, Eifersucht oder Neid von uns abfallen und wir uns auf unser »Sosein« besinnen. Es ist die Einfachheit, die unser Wesen mit unaussprechlicher Freude aus den Schlünden der vergänglichen Zeitschiene emporhebt, die in der dualen Ebene mit uns eingebunden zu sein scheint.

Es geht eigentlich nur darum, sich selbst zu entdecken – das ist der Sinn unseres wahren Hier-Seins in der Schule des Lebens. Beobachten wir uns doch einmal selbst. Was denken wir den ganzen Tag? Welche inneren Bilder steigen hoch und was nähren wir? Was spielt sich in uns ab und welche Geschichten beleben wir?

Das, was wir den ganzen Tag ohne Unterlass denken, manifestiert sich. Es ist das, was wir anschließend Alltag nennen. Der Alltag ist nichts anderes als eine Wirkung unserer Gedanken und Vorstellungen. Wer *wirklich* hier ist, ist nicht gedankenlos. Gedanken benötigen wir, um existieren zu können. Doch das Nachdenken ist unnatürlich. Das Nachdenken zieht Dinge in Erwägung, die überhaupt nichts mit der Realität zu tun haben. Schon allein die Ängste und Befürchtungen, was *irgendwann* einmal sein *könnte,* sind Ursachen, deren Wirkungen wir nicht entkommen können. Verweilen wir aber im Augenblick, dann setzen wir auch keine Ursachen mehr. Wer im Moment lebt, erlebt jeden einzelnen davon neu.

Wichtig ist, jeder Situation unvoreingenommen zu begegnen. Stellen Sie sich vor, es erzählt Ihnen jemand von einem Menschen, und lässt dabei kein gutes Haar an ihm. Vielleicht über einen neuen Lehrer Ihres Kindes. Sie können sich so kein eigenes Bild machen, weil sie durch die Aussagen des Bekannten unbewusst manipuliert worden sind. Ob Sie wollen oder nicht, Sie haben die Meinung übernommen oder sind in Ablehnung gegangen. Auf alle Fälle begegnen Sie diesem Lehrer nicht mehr so, als hätten Sie nichts über ihn gehört.

Aus diesem Grund ist es wichtig, aus dem wirklichen Hiersein heraus zu leben. Wer dies praktiziert, wird auch niemandem mehr über etwas oder jemanden erzählen, irgendeine Sache, die zum Beispiel gestern oder vor einer Stunde passiert ist. Wozu auch? Es ist ja schon längt wieder vorbei! Wir sollten uns angewöhnen, wenig zu sprechen und weniger Kommentare abzugeben. Und wenn wir sprechen, dann nur über etwas, was *jetzt* geschieht und hier ist, und nicht über etwas, was letzte Woche war oder morgen sein wird oder sein könnte.

Oft bemerken wir gar nicht, dass wir abwesend sind. Wir schaffen Unruhe in uns, die dann Unruhe im Außen erzeugt. Unsere Gedanken werden durch imaginäre innere Bilder noch verstärkt und mit intensiven Emotionen zusätzlich aufgeladen. Ob uns dies bewusst ist oder nicht, spielt dabei keine Rolle. Die so erzeugte Auswirkung tritt gemäß von Ursache und Wirkung in unser Leben. Deshalb sollten Sie nur das von sich zum Ausdruck bringen, was Sie in Wahrheit sind. Reines Hiersein, pure Präsenz!

Seien Sie ab sofort Sie selbst. Leben Sie aus dem höchsten Selbst heraus, welches das wahre Ich ist.

Ihr Gegenpol ist Ihr persönliches Ich, das Sie aber nicht sind. Sie glauben nur, es zu sein, weil sie sich über die Sinneswahrnehmungen damit identifizieren. Nehmen Sie sich und das Leben leicht – aber nicht auf die leichte Schulter, sondern leben Sie aus der Leichtigkeit des Seins heraus. Nur dort ist Ihr Zuhause. Im Leben, in der Schwere der Materie selbst, ist keine dauerhafte Leichtigkeit zu finden. Sie können zwar angenehme Momente erleben, aber diese gehen wieder vorbei. Auf jedes Hoch folgt ein Tief und umgekehrt, und die Leichtigkeit ist mal da, mal ist sie wieder weg. Wahres Hiersein ist die Leichtigkeit selbst.

Das Leben ist wirklich schön. Es gibt keinen Grund zu leiden, sich vom Schicksal benachteiligt zu fühlen. Es ist einfach nicht so, wie es Ihnen erscheint oder zu sein scheint. Alles ist lediglich eine Spiegelung im Bewusstsein. Erkennen Sie es.

Wie Jesus Christus schon sagte: »Wenn ihr nicht werdet wie die Kinder, könnt ihr nicht ins Himmelreich eingehen.« Diese kindliche Einfachheit ist uns abhanden gekommen. Diese unbescholtene Neugier, Spontanität und Authentizität haben sich im Laufe der Zeit verabschiedet. Mit den sogenannten Erziehungsmaßnahmen unserer Gesellschaftsstruktur wurden Sie uns regelrecht abgewöhnt.

Beobachten Sie ein Kind, wenn es spielt. Es ist ganz im Moment und kennt keine Zeit. Es denkt nicht darüber nach, was es später noch tun muss oder was alles passieren könnte. Es lebt vollkommen im Hier und Jetzt. Es ist ganz in der All-Einen Kraft Zuhause, ohne es zu wollen oder zu tun. Es ergibt sich von selbst.

Grenzenloses Dasein leben

Wann haben wir zu denken begonnen? Können wir uns daran erinnern? Was war vorher? Wo waren wir und was haben wir gemacht, bevor der erste Gedanke in uns entstanden ist? Wann begannen wir uns mit unserem Vornamen und mit diesem Körper zu identifizieren?

Wir sind weder unser Name noch unser physischer Körper, sondern viel, viel mehr. Dieses »Viel mehr« ist der All-Geist, der wir sind. Nutzen wir die wundervolle Gelegenheit und Chance dieses großartigen Geschenks und lassen wir uns von und durch diese Kraft lenken. Wenn wir das tun, wird alles möglich sein. Reißen wir in uns die Grenzen nieder und beginnen wir damit, diese Grenzenlosigkeit zu sein. Was dann in uns aufbricht und nach Außen strahlt, verwandelt den alten, starr gewordenen Menschen. Eine große Wandlung setzt dann ein, die sich als absolute Erneuerung in uns vollzieht. Sie wartet nur darauf, unser Leben zu erneuern – oder wir bleiben in den alten Strukturen hängen.

Wir bewegen uns im Gestern, im Morgen und im Heute, aber wann beginnen wir endlich damit, wirklich *anwesend* zu sein? Morgen? Nächste Woche? Es ist immer *jetzt,* also beginnen wir doch gleich damit, nicht mehr jedem Gedanken hinterherzulaufen und ihn zu nähren. Lassen wir die Gedanken kommen und gehen, manche sind für die irdischen Gegebenheiten ja recht hilfreich. Aber beginnen wir damit, ihre Herkunft zu erforschen, und hören wir damit auf, sie ständig als »unsere« Gedanken zu bezeichnen. Nur weil wir sie in Besitz nehmen und ihnen so großen Raum geben, heißt das noch lange nicht, dass es »unsere« Gedanken sind. Wo ist der Beweis dafür, dass das, was wir denken, uns gehört? Wo waren die Gedanken, bevor wir sie dachten? Wo entstehen Sie? Was sind sie?

Zelebrieren wir den Augenblick und spüren wir unseren Körper wieder, indem wir ihm »Gutes« tun. Auch das kann aus bewusster Anwesenheit heraus geschehen. Bauen wir unsere Muskeln wieder auf, indem wir Gymnastik machen, schwimmen gehen, einen Spaziergang im Wald absolvieren, regelmäßige Wechselbäder oder Saunabesuche machen, denn auch dadurch wird der Geist belebt und aktiviert – Lebensenergie kehrt ein. Lassen wir all das aus dem Augenblick heraus geschehen, ohne Erwartungen und von Absicht befreit. Tun wir es nicht aus Zwang, um etwas erreichen zu wollen, sondern um unsere irdische Wohnstätte Körper in ihrem Wirken zu unterstützen!

Der Mensch neigt dazu, einem Rhythmus zu verfallen. Um 12 Uhr mittags steht er auf, abends liest er die Zeitung und vor dem Schlafengehen trinkt er eine Tasse Tee. Dagegen ist nichts einzuwenden, doch Gewohnheiten verhindern Spontanität. Wir sollten uns entwöhnen und jeden Augenblick neu entscheiden, was wir tun.

Jeder Moment ist neu und sollte auch so erfahren werden. Was Ihnen heute gut tut, kann Ihnen morgen schaden. Worüber Sie sich heute freuen, das kann morgen überhaupt nicht mehr zu Ihnen passen.

Deshalb stellen Sie sich doch vor, dass das Leben wie ein Fotoapparat handzuhaben ist. Jeden Augenblick können Sie abdrücken, und immer wird ein neues Motiv da sein. Das Licht, die Umgebung sowie die Objekte verändern sich täglich. In der Natur können wir die Veränderungen sehr gut beobachten. Kein Gras bewegt sich gleich, keine Wolke bleibt in ihrer Form bestehen und kein Tier verweilt immer an derselben Stelle. Geben Sie Ihrem Leben die Chance, jede Sekunde anders zu sein.

Und fühlen Sie immer wieder in sich hinein, ob das, was Sie gerade tun, in genau diesem Augenblick auch wirklich stimmig für Sie ist.

»Ist das, was ich in diesem Augenblick tue, auch wirklich gerade an der Reihe?«

Es geht nicht darum herauszufinden, ob etwas getan werden muss und von mir verlangt wird, sondern welche Tätigkeit das Leben von mir fordert.

»Mit welcher Aufgabe soll ich diesen Moment erfüllen?«

Wer so lebt, ist ein wahrer Lebenskenner, ein Mensch, der sich in jedem Augenblick mit großer Leichtigkeit sein eigenes Leben gestaltet und schmiedet. Hören Sie also auf Ihre innere Stille und folgen Sie Ihrer Intuition. Vielleicht ist im gegenwärtigen Moment etwas ganz anderes wichtig als das, was wir uns vorgenommen oder was wir eingeplant haben. Wenn wir den Impuls ignorieren, das zu tun, was in unserem »uns unbekannten Plan« liegt, entstehen automatisch wieder Wirkungen.

Deshalb prüfen Sie innerlich die Stimmigkeit. Mit der Zeit werden Sie sich immer besser spüren und erkennen, was *jetzt* zu tun ist, denn alles Handeln kommt von der All-Einen Kraft, die uns steuert und lenkt.

Spontanes Handeln wird auch Ihr Leben von Grund auf ändern. Lassen Sie sich überraschen. Ihre Lebensqualität wird sich völlig erneuern. Sie können sich nicht annähernd vorstellen, welche wundervollen Möglichkeiten sich ergeben werden. *Denn wie schon das Wort »vorstellen« sagt, stellen wir uns etwas vor, das unsere Sicht oder Weitsicht ganz und gar verstellt.* Hören wir doch damit auf, uns etwas vorzustellen. Was auch immer wir uns vorstellen können, ist sehr begrenzt und im Verstand verhaftet. Mit begrenzenden Gedanken stehen wir uns wieder selbst im Weg, weil das Leben unseren Gedanken folgt, und so wird der, der in Begrenzungen denkt, ein Leben mit eingeschränkten Mitteln erfahren.

Also gehen Sie nicht nur davon aus, sondern *wissen* Sie, dass *alles* möglich ist. Was auch immer uns das Leben schenken möchte, kann überhaupt nicht in Erscheinung treten, wenn wir es durch unsere Engstirnigkeit immer wieder verhindern. Natürlich tun wir das nicht absichtlich. Es geschieht unbewusst, aber es geschieht. Es geschieht das, was wir nicht verhindern können, ob wir es wollen oder nicht. Finden Sie heraus, wie heilsam die Kraft der Hingabe im Jetzt ist, und Sie werden erstaunt sein, was Sie dort erkennen können.

Die Ausrichtung bestimmt Ihr Leben

Richtungsweisende Impulse

Gedanken und Gefühle folgen einer Richtung. Wo auch immer wir sie unbewusst oder bewusst hinlenken, werden sie eine Wirkung erschaffen. Was auch immer wir denken, die Welt wird genauso sein, weil sie ein Spiegelbild unserer Gedanken ist.

Wir denken ständig, also eindeutig zu viel. Wenn wir jemandem begegnen, ordnen wir ihn automatisch ein und vergleichen ihn mit anderen. Wir schubladisieren und werten, verurteilen und reagieren. Unser Denkapparat kann gnadenlos sein. Jede Begegnung wird dadurch zu einer Herausforderung, und wir stecken mitten in einer Prüfung, ob wir es schaffen, bei uns zu bleiben.

Kaum einer schafft es. Wir sehen den anderen an, und schon fällt uns etwas ein.

Erlauben wir unseren Mitmenschen doch, so zu sein wie sie sind. Jeder ist so, wie er ist, einzigartig, auch wenn er uns nicht passt oder uns etwas an ihm stört. Es ist ja nicht sein Problem, sondern unseres. Und wer sagt uns eigentlich, dass Menschen dazu da sind, in unser Schema zu passen? Müssen Sie uns gefallen und entsprechen? Wie anmaßend das doch ist.

Ob jemand rote Schuhe oder eine gelbe Handtasche trägt, ist unwichtig und nebensächlich, wieso hat uns das überhaupt zu interessieren? Und dennoch: Kaum jemand bleibt bei sich und lässt die Wahrnehmung reaktionsbefreit vorüberziehen.

Wer sind wir denn, dass wir uns das Recht herausnehmen, andere zu beurteilen? Es ist hochmütig, und wir schaden damit nur uns selbst, weil jede Bewertung eine Ursache setzt, der wiederum eine Wirkung folgen wird. Wir haben das schon so oft gehört und gelesen, und doch tun wir es immer wieder. Wir beschweren uns, dass unser Leben so ist wie es ist, denken frisch fröhlich in der Gegend herum und werfen mit Urteilen um uns.

Wie soll unser Leben reich sein, wenn unser
Gedankengut so unendlich arm ist?

Hören wir doch mit solchen banalen Kinderspielen endgültig auf. Lassen wir jeden Menschen so sein, wie er ist.
Jeder Mensch ist gleichwertig. Behaupten wir das nicht
immer? Keiner ist umfassender, wichtiger, weniger oder
unbedeutender als ein anderer.

Es gibt Menschen, die sich spirituell nennen und trotzdem ganz genau wissen, was der andere angeblich
»falsch« macht oder »anders« machen sollte. Spiritua-
lität zeichnet sich durch viele Gaben aus. Aber bestimmt
gehört dazu der Verzicht auf Voreingenommenheit und
Überheblichkeit und eine neutrale und wertungsfreie
Sicht. »Wer ohne Sünde ist, der werfe den ersten Stein.«
Kennen Sie dieses Zitat?

Achtung voreinander zu haben und sich respektvoll zu
begegnen sind Verhaltensweisen, die man sich eigentlich
nicht erst anzueignen braucht. Es sind Grundhaltungen, die
nur leider verloren gegangen sind. Achtung hat man ja nicht
vor einer Person, sondern vor ihrem Wesen. Doch wir nehmen den Menschen oft nur als Körper wahr, der in den
Begrenzungen der dualen Welt steckengeblieben ist und
an dem uns viele Dinge stören. Über das hinauszuwachsen
ist unsere Aufgabe. Es gilt, die göttliche Kraft im Menschen

zu erkennen. Wer sich im anderen als diese Eine Kraft erkennen kann, dem ist die Achtung automatisch gegeben. Wie schade, dass es immer noch so viele Menschen gibt, die es nicht schaffen, über das Körperliche hinaus zu schauen. Wie eigenartig das doch einmal ist.

Auf die Ausrichtung der Sinne kommt es an

Und auch hier kommt wieder die Ausrichtung zum Tragen. Wir richten unsere Sinne und Gedanken nach allen oberflächlichen Erscheinungsformen aus, statt die Ausrichtung tiefer zu lenken. So bleiben wir an den Sinneseindrücken hängen. Ob es nun um Menschen, Tiere oder Objekte geht, beginnen wir doch einmal damit, etwas genauer hinzusehen. Wie sehen wir unsere Mitmenschen? Wie sehen Sie Ihren Partner, Ihren Chef, Ihre Freunde? Sie alle sind besonders und speziell. Wer das erkennt, bei dem wird eine wundervolle Balance einkehren.

Es geht um ein Wissen, das einfach erfahren werden muss. Ohne Erfahrung ist es wirkungslos: Die Einsicht um Gleichwertigkeit befreit uns davon, nach höherem Status zu streben. Wer etwas schafft, dem ist es durch die All-Eine Kraft gelungen. Wir brauchen uns nichts einzubilden, wenn uns etwas gelungen ist, müssen aber auch nicht enttäuscht sein, wenn etwas missglückt. Was auch immer geschieht, entscheiden nicht wir und nicht unser persönlicher Wille. Alles wird durch eine höhere Kraft gesteuert und gelenkt, selbst wenn wir es körperlich ausführen. Und diese eine Kraft ist genau das, was wir eigentlich sind.

Also: Gelingt uns etwas, dann ist das gut. Wichtig ist nur, sich nichts darauf einzubilden oder gar zu glauben, dass man besser ist als andere. Üben wir uns statt dessen in Wachsamkeit und begeben wir uns in die Achtsamkeit. Das erschafft Ordnung, und so erschaffen wir keine Unordnung, die uns nicht wirklich dienlich ist. Jede innere Unordnung in Form von Gedanken, Gefühlen oder Taten wird dies auch im Außen erzeugen. Erkennen Sie es!

Der Lebenskenner richtet sich immer dorthin aus, wo Illusionen verblassen. Er richtet seine Aufmerksamkeit nicht auf unnötige Dinge, da er sich der Folgewirkungen bewusst ist.

Der Lebenskenner richtet seine Aufmerksamkeit aber auch auf Erwünschtes, das noch nicht *ist,* und erschafft es sich dadurch. Wer das Leben kennt, der kann alles!

Richten Sie Ihre Aufmerksamkeit also auf das, was Ihnen Freude bereitet. Wenn Sie den ganzen Tag das tun, was Ihnen nicht nur Freude bereitet, sondern Ihnen auch wirklich entspricht, geben sie dem Leben die einzigartige Möglichkeit, Sie »fürstlich« zu entlohnen. Das Ergebnis wird so ausfallen, wie Sie es sich in Ihren kühnsten Träumen nicht vorstellen hätten können.

Kreieren Sie auch Ihre Berufung. Denn dieses Wort bedeutet nichts anderes, als dem inneren Ruf zu folgen. Folgen Sie Ihrem Ruf! Er hilft Ihnen dabei, sich selbst zu verwirklichen. Es strömt in Sie ein und fließt plötzlich in und durch Sie in die Welt hinaus. Das wird sich auf Ihr unmittelbares Umfeld »ansteckend« auswirken. Nur die innere Schwere und eine mangelhafte Ausrichtung hindern Sie daran, sich zu entfalten. Da alles, was Sie umgibt, eine Auswirkung hat, wird die neue Leichtigkeit und Begeisterung Sie in lichte Gefilde hinaufschwingen und Ihr subjektives und objektives Dasein erhöhen.

Wie segenreich wird Ihr Leben sein, wenn Sie Ihre Ausrichtung ab sofort von dem abziehen, was nicht mehr zu Ihnen passt, unangenehm und unerwünscht ist. Vieles wird gelingen, und neue Lebenssituationen werden sich einstellen.

Sie werden sich darauf nichts einbilden, sondern es dankbar annehmen und um Ihr Schöpfertum wissen. Dass Ihnen ab sofort alles gelingt und sich wundervolle Möglichkeiten eröffnen wird zur Selbstverständlichkeit, denn jedem Menschen steht das Beste zu. Es wartet nur darauf, in Ihr Leben zu treten. Öffnen Sie die Tür und heißen Sie es willkommen. Wozu länger die Türen verschließen?

Es ist nur *ein* Schritt.

Wagen Sie ihn!

Jeder Augenblick zählt

Von der Kunst, im Moment zu sein

Es gibt unzählige davon, und sie enden nie. Einer folgt dem anderen, und ist einer vorbei, fragt man sich: Hat es den anderen überhaupt jemals gegeben? Er existiert nur noch in unserer Erinnerung. Nur dort lebt er weiter, und alles, was wir in Gedanken aufrechterhalten und wiederbeleben, setzt Ursachen, deren Wirkungen wir unweigerlich erfahren werden.

Jeder Augenblick ist sozusagen energetisch

abgespeichert und beeinflusst unser Handeln und Tun. »Lebe im Augenblick, lebe im Jetzt.« Das klingt wie ein Leitsatz, den wohl jeder von uns schon einmal gehört oder gelesen hat. Gehört ja. Gelesen eventuell auch, aber wann beginnen wir endlich, danach zu leben? Was bedeutet im Augenblick zu sein? Es heißt gewiss nicht, still da zu sitzen und sich nicht zu regen, sondern den Moment vollumfassend zu erleben. Dem Augenblick wahrhaftig zu begegnen, ihn zu erfüllen, ihn auszukosten und zu genießen sowie vollumfänglich und bewusst zu erfahren.

Bei den Augenblicken, die wir als angenehm empfinden, scheint es uns leichter zu fallen. Doch die für uns unangenehmen Momente tief zu empfinden, ohne ihnen auszuweichen, ist das, was einen wirklichen Lebenskenner ausmacht. Den Moment – wie auch immer er sein mag – voll in sich aufzunehmen, ist wahrhafte Lebenskunst. Wer sie beherrscht und einfach nur hier ist, dem wird das Leben auf wundersame und einzigartige Weise begegnen wie niemals zuvor.

Wer nachdenkt ist nicht im Augenblick, denn im Augenblick zu sein bedeutet, sich dem *einen* Moment zu widmen. Nur das, was *jetzt* ist, zählt. Alles andere existiert einzig in unseren Vorstellungen und Ideen. Geben wir dem keine Aufmerksamkeit, ist es nicht hier. Alles, was nicht hier und *jetzt* ist, hat im Augenblick nichts zu suchen. Wir verlassen den Augenblick, wenn wir uns in unsere Gedankenwelt begeben. Achten wir deshalb gezielt darauf, in welche Richtung wir denken und welchen Inhalt unser Denken hat.

> Genießen wir jeden kostbaren Augenblick in unserem so wertvollen und einzigartigen Leben und fangen wir endlich an zu »leben«.

Was »Leben« bedeutet haben wir und auch unsere Eltern in keiner Gebrauchsanweisung nachlesen können. Das gilt es zu erforschen, zu entdecken und zu erfahren. Wer aber sagt uns, dass das, was unsere Eltern für uns als richtig erachteten, wirklich für uns passt?

Was für uns und für jeden unserer Augenblicke richtig ist, können wir nur selbst herausfinden.

Eines steht fest: Mit beiden Beinen fest auf der Erde zu stehen und uns ganz bewusst nach Innen auszurichten, ist eine fruchtbare und wertvolle Lebenseinstellung. Mit dieser Haltung fügen wir uns allmählich in das ein, was wir eigentlich sind: unbegrenztes Sein, die *eine* Realität selbst. So wird Schritt für Schritt das abfallen, was wir nie waren, und alle Illusionen und Einbildungen können durchschaut werden.

Beginnen Sie also gleich damit, den Augenblick zu erfüllen. Alles beginnt mit dem ersten Schritt. *Jetzt.* Wann sonst? Es ist immer *jetzt.* In jedem Moment.

Fangen wir also an aus dem gegenwärtigen Augenblick, aus dem ewigen »Jetzt« zu schöpfen.

Als Jesus als zwölfjähriger Knabe im Tempel war, seine Eltern voller Sorge nach ihm suchten und ihn dann (während er sich mit Worten an die Gelehrten wandte, die sie nicht verstanden) in der Synagoge predigen sahen, sagte er: »Warum sucht ihr mich? Wisst ihr denn nicht, dass ich das tun muss, was mein Vater will?« Er hatte damals schon erkannt, was er zu tun hatte, nämlich Gott zu dienen. Die Schriftgelehrten waren angesichts seiner weisen Worte erstaunt. Sie sagten – ansonsten sprachlos: »Ist das nicht der Sohn des Zimmermanns?« Diesen Gotteswillen, das, was jeden Augenblick zu tun ist, gilt es wieder in uns zu erkennen.

Was ist in *diesem* Augenblick zu tun? Ihr Gefühl sagt Ihnen das ganz genau, und Ihre Intuition lässt Sie stets Ihre momentanen Aufgaben erkennen. Es geht nicht darum, anderen zu entsprechen, das zu tun, was andere von uns erwarten oder was uns der Verstand einreden will. Hören wir hin und spüren wir in uns hinein, die Antwort ist nur in unserem Inneren zu finden. Und wenn wir ganz ehrlich sind, dann wissen wir es meistens und tun trotzdem etwas anderes. Aber dafür sollten wir uns nicht verurteilen. Wir sind Menschen, und wir machen Fehler. Wir sollten uns nur bemühen, diese Fehler nicht allzu oft zu wiederholen.

Es gibt keine Menschen, die fehlerlos sind, aber sehr viele, die verblendet sind, und noch mehr, die nach Orientierung suchen. Warum wollen wir uns denn nichts sagen lassen? Glauben wir vielleicht, es besser zu wissen, oder verletzt es unseren Stolz? Diesen Stolz sollten wir ablegen und gut hinhören, was uns das Leben sagen will.

Es geht nicht darum, dass irgendjemand etwas besser weiß oder dass ich mehr weiß als Sie. Niemand will Sie belehren, auch das Leben nicht. Es geht immer nur darum, Sie auf etwas aufmerksam zu machen. Alles ist immer nur eine liebevolle Geste und niemals eine Belehrung, außer, Sie empfinden es so.

Ein offenes Ohr für alle Worte zu haben, die uns erreichen wollen, ist ebenso eine Eigenschaft, die der Lebenskenner und Lebenskünstler längst in seinen Alltag integriert hat. Tun Sie es auch, es lohnt sich. Sagen Sie nicht, dass Sie es *versuchen,* sondern setzen Sie es einfach um. Man sollte sich im Leben nichts vornehmen, sondern es sofort *tun*.

Es ist doch schön, etwas zu hören, auch wenn wir es schon 1000 Mal gehört haben. Vielleicht sollten wir die mitgeteilten Informationen ja für uns nutzen, statt sie einfach nur kopfnickend in unseren Gehirnwindungen abzulegen. Die meisten Menschen erfüllen den Augenblick mit ihrer eigenen Sprache. Allzu gerne erzählen Sie von sich und reden, reden und reden. Beim Reden lernt man nichts, aber beim Zuhören.

Es ist schon interessant, wie viele Menschen kaum daran interessiert sind, Neues zu erfahren, und lieber ihr egozentrisches Dasein in mehr oder weniger heftigen Wortsalven nach Außen katapultieren.

Die Dinge einfach geschehen lassen

Betrachten wir das, was zu uns möchte und gehört werden will, mit liebevollen Augen. Nur so öffnen wir uns für diese unendliche kosmische Kraft, die wir in Wirklichkeit sind. Wir sind nicht der Zuhörer oder der Sprecher, wir sind wesentlich mehr – erheblich mehr, als wir uns jemals vorstellen können.

Um den Augenblick wahrhaft zu erfüllen und stets das zu tun, was im jeweiligen Moment wirklich unsere Aufgabe ist, müssen wir uns nicht bemühen. Entschließen wir uns heute, hier und *jetzt,* endgültig und immerdar dieser uneingeschränkten allgegenwärtigen universellen Kraft die Führung zu überlassen, unserem höchsten Selbst, dann wird unser Leben ganz von selbst einem natürlichen Ablauf folgen. Es wird uns in vollkommen neue Bahnen lenken, wenn wir uns dafür öffnen und den Augenblick nicht mit unnützen Gedanken überladen.

Wer wirklich im Moment lebt, der macht immer das Stimmige und handelt nicht unüberlegt. Er trifft Entscheidungen, ohne abzuwägen, was gut oder besser wäre. Unser Denken ist nämlich überhaupt nicht in der Lage, das abzuschätzen. Es kann gewisse Dinge abwägen, doch hat es längst nicht alle Informationen zur Verfügung, über die unser höchstes Selbst verfügt. Und deshalb können wir getrost darauf vertrauen, dass alles – so wie es ist – in Ordnung ist – wenn wir damit beginnen, *anwesend* zu sein: nicht nur mit unseren Sinnen, sondern mit unserem wahren Sein.

Treten Sie ein in Ihr Bewusstsein, in den Raum, aus dem heraus die Dinge mit Leichtigkeit geschehen. Wer sonst als Sie sollte das tun? Sie sind das, was das Höchste zum Vorschein bringen kann, was ihr ganzes Dasein harmonisiert und auch Ihre Lebensenergie steigern und emporheben wird. Hier und *jetzt*. Wo und wann denn sonst?

Sagen Sie ja zum Leben und ja zum Augenblick! Zu jedem einzelnen! Es ist schon erstaunlich, obwohl wir es innerlich wissen, es irgendwie fühlen, dass häufig der nötige Auslöser fehlt für den Sprung in eine andere, lebensbejahende Schiene. Wie oft hängen wir in alten Gleisen fest, schier unverrückbar, ohne vor oder zurück zu können, obwohl wir immer wieder lesen, hören und sogar wissen, dass wir nur in uns hineinzuhorchen brauchen.

Nun ja, man kann auch ein Buch 1000 Mal lesen, ehe man es zum ersten Mal wirklich liest.

All das Wissen und Können bewirkt noch nichts,
erst das Tun entscheidet über das Sein.

Aber seien wir nachsichtig mit uns. Es ist wie es ist. Schenken wir uns die Zeit, die wir brauchen, um Veränderungen
sich integrieren zu lassen. Achtsamkeit und Wachsamkeit
sind der Schlüssel, der uns aus dem allgegenwärtigen Augenblick heraus erkennen lässt, was der nächste Schritt ist.
Und sehr wohl bedarf es innerer Konzentration und einer
Ausrichtung auf das Wesentliche. Immer und immer wieder. Stets sollte der Blick nach Innen gehen und weit über
das Gesehene hinausreichen. Denn das, womit wir uns
beschäftigen, wird sich verinnerlichen, und genau das werden wir schließlich erleben und sein.

Was nützt es zu wissen, was man will oder was man nicht
will, wenn die Dinge so geschehen, wie sie sich ergeben?
Sie können durchaus wollen, dass dies oder jenes nicht
geschieht, dass morgen die Sonne scheint und heute eine
Begegnung stattfindet, doch das wird dem Leben nicht im-
ponieren. Die starke Energie des Wollens und des nicht
Wollens verhindert lediglich, dass wir den Augenblick
wirklich erleben und wahrnehmen können.

Sie können Ihre ganze Energie darauf konzentrieren, was
Sie erreichen oder anziehen möchten. Sie können sie aber
auch im Augenblick ruhen lassen und das Leben seinen

Weg gehen lassen. Wie schön ist es, wenn der Lebenskenner und Künstler dies erkannt hat. Es ist von großem Vorteil, frei von Wünschen und Ablehnungen zu sein. So geben wir uns für Schöneres frei und erlauben der Fülle des Lebens, uns auf allen Ebenen zu begegnen, uneingeschränkt und voller Überraschungen.

Lassen Sie sich überraschen, wie sich das Leben gestalten wird. Wer Wünsche und Absichten loslässt, kann sich dem Augenblick widmen. Er ist es dann selbst, der das kreiert, was wir Zukunft nennen.

Erkennen und Umpolen negativer Glaubenssätze

Was uns im Weg steht

Wer das Leben kennt, der weiß, dass Schicksal das ist, was ihm das Leben schickt. Und der weiß auch, dass es im Leben einiges gibt, was Erfolg und Zufriedenheit verhindert, zum Beispiel längst überholte Glaubenssätze. Was das eigentlich genau ist? Es sind hauptsächlich gedanklich projizierte Meinungen und Emotionen, die uns seit frühester Kindheit von Erwachsenen unbewusst bis ins tiefste Innere eingeprägt wurden.
Sie gilt es zu erkennen.

Wahrscheinlich fehlte es uns bisher an der Einsicht, an der Zeit oder am Mut, unsere Glaubenssätze zu hinterfragen. Warum? Weil es uns wahrscheinlich nicht bewusst ist, wir es ignorieren oder überspielen, dass solche Glaubensätze unser Dasein dermaßen beeinflussen und sich vollkommen destruktiv auf alles auswirken, was uns widerfährt.

Ist es wirklich so, dass uns alles andere wichtiger ist, als uns mit uns selbst zu beschäftigen? Sicher haben sich viele Menschen irgendwann einmal an ihr Innenleben herangewagt, doch wenn es still wird in einem und man in sich hineinspürt, kommen unangenehme Gefühle hoch. Und schon flüchtet man sich wieder in eine Tätigkeit oder lenkt sich anderweitig ab, weil der Mensch sich nicht gerne seinen unangenehmen Seiten stellt.

Dies ist durchaus menschlich. Doch ist es ebenso nachvollziehbar, dass die Leichen, die wir im Keller versteckt haben, irgendwann hochkommen *müssen*. Und dann gilt es, sie zu entsorgen. All unsere Schwächen und unangenehmen Emotionen können nämlich erst dann weichen, wenn wir sie bemerkt und angesehen haben. Sie können einen Müllsack ja auch nur entfernen, wenn Sie den Deckel öffnen und aus dem Kübel nehmen. Natürlich setzt das unangenehme Düfte frei, aber klappen Sie den Deckel deshalb wieder zu und lassen den Müll dort verrotten?

Solange wir nicht wirklich bereit sind, Gedankenmuster, Programme, Glaubenssätze, Ablehnungen und dergleichen mehr zu hinterfragen und Verantwortung für deren Fol-

gewirkungen zu übernehmen, bleiben wir in einem Teu-
felskreis hängen. Es entsteht ein endloser Kreislauf, der
uns handlungsunfähig und lethargisch macht. So halten
wir uns in Lebenslagen und Empfindungen gefangen, die
durchaus harmonischer und lebendiger sein könnten. Zu-
rückhaltung ist also eine faule und bequeme Art, die uns
nirgendwo hinführt.

Wann beginnen Sie zu leben? Bevor Sie gestorben sind
oder erst danach?

> Wirklich zu leben bedeutet aufzuräumen und
> den Mut zu haben, seinen Schwächen mit Stär-
> ke zu begegnen.

Schwächen sind nicht schlimm, außer man ignoriert sie.
Verantwortung zu übernehmen heißt, sich seiner Handlungen bewusst zu sein. Da ist niemand, der Schuld daran hat, dass unser Leben so ist, wie es ist. Wir gestalten
es jeden Tag neu, und niemand außer uns selbst kann das
tun. Sobald wir bereit sind, dies zu erkennen, hören wir
auf, anderen die Schuld zu geben und zu behaupten, der
Lehrer, die Politiker, die Kinder, die Eltern, der Nachbar,
die Frau oder der Mann hätten dies oder jenes getan. »Weil
der so ist, ist das passiert, weil die das gesagt hat, ist es
geschehen.« Das sind nur Ihre Sichtweise und Meinung,

aber in Wahrheit wissen Sie ganz genau, dass kein anderer für *Ihr* Leben verantwortlich ist.

Wer zum Lebenskenner erwacht, der beendet dieses dumpfe und unüberlegte Verhalten. Dann hören diese lächerlichen Spielchen ganz von selbst auf. Es waren nur die Spiele des Egos, die immer wieder zu neuen Wirkungen geführt haben. Dadurch wurden Samen gesät, und wir haben die Früchte geerntet, die nicht immer sehr süß geschmeckt haben. Aber nun durchschauen wir diese kindische Verhaltensweise und ändern sie.

Wie ein Hamster im Tretrad sind wir immer nur auf der Stelle gelaufen und haben es nicht einmal gemerkt. Bei anderen haben wir es gesehen und für jeden einen guten Rat gewusst. Uns ist vollkommen klar, was der andere falsch gemacht hat und was er besser machen könnte. Aber wann steigen wir endlich aus unserem eigenen Hamsterrad aus? Wann sind wir selbst so weit?

Jetzt das Leben verändern

Ihre »unbewussten« Glaubenssätze verhindern das, was Ihnen eigentlich zusteht.

Zwei Lebensbeispiele, die Ihnen aufzeigen, wo Sie sich noch im Wege stehen:

- **Nehmen wir an, Sie wünschen sich beruflichen Erfolg. Sie planen ein Projekt, mit dem Sie ganz neu durchstarten wollen.**

Frage 1: Haben Sie Zweifel?

Ihre Antwort: _____

_____

_____

Frage 2: Woran zweifeln Sie?

Ihre Antwort: _____

_____

_____

Frage 3: Warum zweifeln Sie?

Ihre Antwort: _____

_____

_____

Frage 4: Glauben Sie an sich und Ihren Erfolg?

Ihre Antwort: _____

_____

Frage 5: Befürchten Sie, dass etwas schief gehen könnte?

Ihre Antwort: _____

_____

_____

Mein Tipp:

Sehen Sie sich in Ihrem Traum. Erleben Sie sich mit allen Fasern Ihres Seins in dem erwünschten Ergebnis, als ob es *jetzt* Wirklichkeit wäre. Visualisieren Sie immer wieder Ihr Ziel und erfahren Sie es in allen Details in diesem Moment, als wären Sie gerade eben in dieser Situation. Das bedeutet, es vom Ziel aus immer neu zu erleben und die neue Situation zu spüren. Wunschdenken allein reicht nicht aus und wirkt eher kontraproduktiv!

Das Ergebnis:

Wie soll Ihnen das Leben etwas geben, wenn Sie skeptisch sind? Natürlich mischt sich der Verstand ein und hinterfragt dies oder jenes und will Sie verunsichern. Lassen Sie diese Gedanken vorüberziehen. Sie haben damit nichts zu tun. Ergreifen Sie nicht Besitz von ihnen. Die Gedanken werden weniger, wenn Sie ihnen keine weitere Aufmerksamkeit schenken. Sie lösen sich dann auf.

Die Antwort des Lebens:

»Ich werde dir das liefern, was du befürchtest! Ich kann dir nur das schenken, was du auch selbst glauben kannst!«

- **Nehmen wir an, Sie wünschen sich einen neuen Partner/eine neue Partnerin oder auch, dass Ihre Beziehung erfüllender verläuft.**

Frage 1: Warum wünschen Sie sich einen neuen Partner?

Ihre Antwort: _____

_____

_____

Frage 2: Sind Sie der ideale Partner?

Ihre Antwort: _____

_____

_____

Frage 3: Was können sie in eine Partnerschaft einbringen?

Ihre Antwort: _____

_____

_____

Frage 4: Wie sollte Ihr Partner sein?

Ihre Antwort: _____

_____

_____

Frage 5: Was glauben Sie, warum Sie allein oder in einer unerfüllten Beziehung sind?

Ihre Antwort: _____

_____

_____

Mein Tipp:

Schauen Sie Ihre Antworten genau an. Geht es hier nur um Sie oder auch um den anderen? Wollen Sie nur für sich etwas Gutes oder auch einen anderen glücklich machen? Was steht an erster Stelle? Aus welcher Absicht heraus sehnen Sie sich nach Zweisamkeit? Weil Sie alleine sind? Weil Sie Nähe brauchen? Weil Sie geliebt werden wollen?

Das Ergebnis:

Formulieren Sie Ihren Wunsch um, indem Sie sich einen Partner oder eine Partnerin wünschen, der/die Ihnen entspricht, damit Sie beide miteinander wachsen und reifen können. Ihre »Ich-Wünsche« fördern die Begegnung mit einem Menschen, der sich selbst ebenfalls am Wichtigsten nimmt. Dann beginnt das Spiel, dass der eine den anderen nach seinem Geschmack verändern will. Kennen Sie das nicht schon? Wollen Sie das wirklich?

Die Antwort des Lebens:
»Ich kann dir nur einen Partner geben, der dir entspricht. Das, was du aussendest, wirst du anziehen. Wenn du etwas nicht willst, werde ich dir genau das schicken, weil du es ablehnst. Alles, was du ablehnst, werde ich dir so lange schicken, bis du eines Tages nichts mehr »nicht willst« oder »willst«. Wenn du einfach nur offen bist und keine Vorstellungen von einer Beziehung hast, dann ist das bestens. Dann kannst du auch nicht enttäuscht werden, denn wer keine Erwartungen hat, nimmt die Ereignisse und die Menschen so, wie sie sind.«

Der erste Schritt, Glaubenssätze zu relativieren, ist nicht die Bereitschaft, sie loswerden zu wollen, sondern sich einzugestehen, dass man überhaupt welche hat: Spüren Sie in sich hinein, ob Sie *jetzt* wirklich etwas ändern wollen. Haben Sie dazu den Mut? Solange Sie nicht bereit dazu sind, wird sich in Ihrem Leben keine harmonische Veränderung ergeben können.

Am besten ist es, nicht gegen sie anzukämpfen, denn das geht auf das Konto unserer kostbaren Lebensenergie, die wir dadurch erschöpfen. Wen wundert das?

Ich kann nicht!

Das wird nichts!

So kann es nicht funktionieren!

Das werde ich nie schaffen!

Das kann nicht gut gehen!

Solche oder ähnliche negative mentale Glaubenssätze haben sich durch oftmaliges Wiederholen ganz tief in uns eingebrannt. Solange wir keinen blassen Schimmer von diesen zwanghaften, hypnotischen Gedankenwiederholungen haben, sind wir in Konzepten und Vorstellungen gefangen, die durch unsere Familie, die Medien, Schule, Arbeitsplatz und Politik im Laufe vieler Jahre in uns implantiert wurden, ohne dass wir uns dessen bewusst waren. Dadurch werden wir geschwächt, und das natürliche Potenzial der Fülle kann sich nicht entfalten.

Es ist unmöglich, dass positive Veränderungen geschehen, solange bewusste oder unbewusste Glaubenssätze dagegen steuern und das anziehen, was wir ablehnen, befürchten und mit ziemlicher Sicherheit *nicht* möchten.

Wir sollten uns also nicht wundern, wenn genau das eintrifft, was wir eigentlich verhindern wollten. Deshalb möchte ich hier noch einmal betonen, dass wir weder für noch gegen etwas zu sein brauchen. Wir brauchen uns nur dem Fluss des Lebens ergeben, der genau weiß, in welche Richtung er uns tragen soll.

* * *

Schauen wir uns doch einfach mal an, was uns unsere Sorgen und negativen Glaubenssätze beschert haben. Hat es sich wirklich gelohnt, so destruktiv zu denken und sich so eine lieblose Welt zu erschaffen? Nein, natürlich nicht. Sonst wären wir ja glücklich und würden uns nicht für den Lebenskenner und Alleskönner interessieren. Also war es doch für etwas gut, dass wir da durchgegangen sind, denn sonst hätten wir *jetzt* nicht die Möglichkeit umzukehren.

Erst wenn wir am eigenen Leib erlebt haben, wie es sich anfühlt zu leiden und wir damit immer nur noch mehr Negativität angezogen haben, werden wir den neuen Weg erkennen und einschlagen. Es fehlen eben manchmal die Wegweiser, die uns die Richtung ganz klar vorgeben. Versteckt sind sie immer da, aber wer nicht gelernt hat, mit dem Herzen zu sehen, dem bleiben sie verborgen, bis unser Leiden sie aufscheinen lässt.

Das Wundervolle am Leben ist, dass jedes Lebewesen seinen eigenen Weg geht. Es gibt keinen zweiten Weg, der Ihrem gleicht. Aber egal, welcher Nation Sie entstammen oder welcher Religion Sie auch angehören, das Ziel aller Lebewesen ist dasselbe. Und an diesem Ziel sind wir immer schon, weil unser *individueller Weg* das Ziel ist.

Der Lebenskenner ist ein Alleskönner, weil er aufgehört hat, nach etwas zu suchen. Er strebt kein Ziel an und verfolgt auch keine Absicht mehr. Er ist hier und *jetzt* da und lebt von einem Augenblick zum anderen, geradeso, als würde es nur diesen Augenblick geben.

Gedanken und Reden

Eine islamische Geschichte,
von einem Mystiker nacherzählt

Die Menschen, sagte er, stehen in Bezug
zueinander, und man kann sie mit gegenüber stehenden Mauern vergleichen.
Jede Mauer ist von unzähligen kleinen
Löchern durchbrochen, in denen weiße und schwarze Vögel nisten. Die
schwarzen Vögel sind die lieblosen, beurteilenden oder auch
verurteilenden Gedanken und
Reden, die weißen Vögel die
liebevollen, wohlwollenden,
herzlichen oder auch wer-
tungsfreien Gedanken und
Reden. Die weißen Vö-
gel können, bedingt
durch ihre Gestalt, nur

in den für sie geschaffenen Löchern nisten. Dasselbe gilt natürlich für die schwarzen Vögel.

Ich nenne die beiden Personen, um die es in dieser Geschichte geht, Yousuf und Ali. Sie zeigen uns, was geschieht, wenn sich zum Beispiel zwei Menschen, egal ob in physischer Gestalt oder auch nur in gedanklicher Form, feindlich oder hasserfüllt gegenüber stehen.

Eines Tages ist Yousuf davon überzeugt, dass Ali ihm nicht mehr wohlgesonnen ist. Er glaubt, dass er ihm nichts Gutes mehr wünscht. Und so übermannt es ihn: Er sendet Ali in seinem Zorn und seiner Wut unbedacht einen schwarzen Vogel in Form von Lieblosigkeit und negativen, zerstörerischen Gedanken. Dadurch, dass sein schwarzer Vogel augenblicklich zu Ali fliegt, wird bei ihm ein schwarzes Loch frei. Bei Ali sucht der Vogel nach einem Platz, um sich einzunisten, einem leeren schwarzen Loch, das seiner Gestalt entspricht.

Wenn Ali nun seinerseits keinen schwarzen Vogel zu Yousuf abgesandt hat, er also keinerlei negative Emotionen in Gedankenform ausstrahlte, sind alle seine Löcher besetzt. Yousufs schwarzer Vogel wird dann keinen Platz finden, an dem er nisten kann, und er wird gezwungen sein, in sein ursprüngliches Nest zurückzufliegen. Er kommt jedoch nicht leer zurück, sondern mit allem, was Yousuf Ali gesandt hat. So beginnt der Vogel nun, sein Werk bei Yousuf zu verrichten, der ihn entsandte, und nicht etwa bei Ali, für den er gedacht war. Denn der Vogel fliegt immer zum Absender zurück. Da Ali Yousuf gegenüber keinen einzigen lieblosen Gedanken hegte, können ihm die mit negativen Emotionen ausgeladenen Gedanken nichts anhaben. Laut einem ungeschriebenen Gesetz fliegt das Ausgesandte immer zum Absender zurück, um dort sein Zerstörungswerk zu vollenden.

Jetzt stellen wir uns einmal vor, dass auch Ali an Yousuf Lieblosigkeiten und Verurteilungen sendet und dadurch bei ihm ebenfalls ein freies Loch entsteht, worauf Yousufs schwarzer Vogel Eingang findet. Er kann also die Lieblosigkeiten, mit denen Yousuf ihn beladen hat, ablegen. Gleichzeitig fliegt Alis schwarzer Vogel zu Yousuf und nistet sich in dem frei gewordenen Loch von Yousufs schwarzem Vogel ein. So haben beide schwarze Vögel ihr Ziel erreicht und werden daran arbeiten, ihr Unheil zu verrichten.

Ist die Aufgabe der jeweiligen Vögel einmal beendet, kehrt jeder Vogel wieder in sein ursprüngliches Nest zurück, denn es ist ein ungeschriebenes Gesetz, dass jedes Ding zu seinem Ursprung zurückkehren wird. Der Urheber von lieblosen Gedanken, Vorurteilen, Neid, Gier, Hass, Zorn, Ablehnung und Eifersucht, von Wünschen oder auch Verwünschungen, wird somit nicht nur von einem anderen, sondern auch von seinem eigenen Vogel heimgesucht werden. Alles kehrt zurück, nichts geht verloren und jeder Ursache muss eine Wirkung folgen.

Deshalb seien wir uns bewusst, was wir denken. Nicht nur Taten können harmonisch und liebevoll sein, auch unsere Gedanken – denn sie sind Taten! Vergessen wir das nie! Du bist, was du denkst! Krieg beginnt in den Köpfen der Menschen, wo sonst soll er entstehen und bestehen bleiben?

Was aber geschieht mit den weißen Vögeln? Wenn wir jemandem nur das Allerbeste wünschen und ihm herzliche, wohlwollende, sanfte und friedvolle Gedanken schicken, senden wir weiße Vögel aus. Sind wir liebevoll, indem wir im anderen uns selbst erkennen, werden sich nur weiße Vögel um uns tummeln. Wir könnten sie auch Friedenstauben nennen.

Finden unsere mit liebevollen Geschenken beladenen weißen Vögel keinen freien Platz zum Nisten, weil der jeweilige Mensch nur lieblose egozentrische Gedanken gegen uns hegt, kommen auch sie wieder zurück. Aber sie tragen all unser Freudvolles in sich und sind mit der gesamten, wohltätigen Energie ihres Versenders aufgeladen.

Senden wir nur sanfte, authentische Gedanken des Friedens und der Liebe aus, können wir also keinen Schaden anrichten oder erleiden. Daher segnen wir jeden Menschen, dem wir begegnen, in Gedanken oder auch in physischer Gestalt: Wir tun es für uns. Es ist Eigenliebe, verbunden mit Selbstachtung und der Achtung vor dem Nächsten, die unser Leben erhellt.

Nehmen wir diese Geschichte, diese Lehre des Propheten, wahr und denken, reden, handeln und seien wir liebevoll. Verschmutzen wir unser aller Dasein nicht mit lieb- und herzlosen Gedanken oder Worten. Selbst gutgemeinte Kritik können wir für uns behalten. Lassen wir jeden so sein, wie er ist, genau so ist er gut! Und wenn wir mit irgendeinem Wesenszug, einer Handlung oder einem Ereignis nicht zufrieden sind, spüren wir dort hinein, wo wir etwas nicht akzeptieren können. Es liegt an uns, wie die Dinge sind, weil sie nur so sein können, wie wir sie sehen. Und es geht nicht darum, die Welt zu verbessern und die Dinge zu ändern, sondern unsere Sichtweise auf sie zu überprüfen und zu erneuern.

Wie Meister Jesus schon vor zweitausend Jahren sagte: »Liebet eure Feinde wie euch selbst.« Feinde, wie wir sie nennen, gibt es in Wirklichkeit gar nicht. Wir selbst sind es, die Menschen zu dem machen, was wir in ihnen sehen, aber so sind sie nicht! In uns herrschen Missverständnisse und Lieblosigkeiten, die wir nach außen projizieren. Irgendwann fallen sie unmerklich wieder auf uns zurück. Wenn wir uns dann fragen, warum in unserem Leben so viel schief läuft, müssen wir uns nicht wundern.

Irrtümer und Fehlsichten sind menschlich. Wir können sie ändern, in jedem Augenblick. Diese Uneinsichtigkeit und diese Einbildungen entsprechen, obwohl menschlich, nicht unserem wahren Menschsein. So sind wir nicht gedacht. Wir sind etwas viel Feinfühligeres und Größeres. Wahres Menschsein ist unvorstellbar grandios.

Finden wir es heraus!

Wir können nur lieblos sein, wenn wir uns selbst nicht lieben. Lieben wir uns aber selbst mit allen sogenannten Fehlern, die uns von unserem Umfeld gespiegelt werden, dann beginnt ein wunderschöner neuer Lebenszyklus. Zunächst mag uns das unvorstellbar erscheinen, weil die Gedanken aus der Vergangenheit, die wir unentwegt denken, unser Dasein bestimmen. Aber wagen wir doch den Sprung in ein neues Leben ohne unnötige, selbstzerstörerische Gedanken. Lassen wir solche Gedanken vorbeiziehen wie Wolken am Himmel und sehen wir ihnen dabei zu, tauchen wir ein in den Bereich zwischen ihnen.

Dann wird es nicht nur still und ruhig im Kopf, es kehrt auch im Leben Ruhe ein. Ein neues Lebensgefühl darf sich einstellen und uns von dem selbstauferlegten Gefängnis befreien, deren Türe stets offen steht!

Wer heute einen Gedanken sät,
erntet morgen die Tat,
übermorgen die Gewohnheit,
danach den Charakter
und endlich sein Schicksal.

Gottfried Keller

Feiger Gedanken
bängliches Schwanken,
weibisches Zagen,
ängstliches Klagen,
wendet kein Elend,
macht dich nicht frei.
Allen Gewalten
zum Trutz sich erhalten;
nimmer sich beugen,
kräftig sich zeigen,
rufet die Arme
der Götter herbei.

Johann Wolfgang von Goethe

Bedenken Sie: Gedanken sind Kräfte. Gedanken lassen uns siegen oder untergehen.

Warum Sie Ihre Probleme noch haben

Nicht das Leben, sondern die Sichtweise verändern

Wenn wir an etwas denken, richten wir unsere ganze Aufmerksamkeit und Energie darauf. Das, was wir denken, bestimmt also unser Leben. Das, was wir denken, formt sich zu dem, was wir Leben nennen.

Wenn Sie etwas belastet und genau in diesem Moment nicht daran denken, wo ist es dann? Genau! Es ist nicht da, weil Sie ihm keinen Raum geben. Wenn Sie ihm keinen Raum geben, belastet es Sie auch nicht. Wenn Sie daran denken, dann bekommen Sie ein mulmiges Gefühl, haben Angst oder machen sich Sorgen. Denken Sie nicht daran, sind die Sorgen weg.

Seltsam? Ganz im Gegenteil. Dieser Ansatz ist sehr hilfreich. Er besagt nämlich, dass unser Leben sich nach unserer Aufmerksamkeit ausrichtet und nicht umgekehrt. Alles, dem wir Raum geben, wird zu unserer Wirklichkeit. Daher sollten wir uns angewöhnen, uns von Dingen gedanklich zu distanzieren, die wir ablehnen oder nicht haben wollen. Warum beschäftigen wir uns damit? Warum tragen wir es freiwillig mit uns herum? Es belästigt ja nicht uns, sondern wir beschäftigen uns damit! Wir können doch an etwas anderes denken und unsere Aufmerksamkeit einfach woandershin lenken. Oder?

Wir beschweren uns ständig über unsere Probleme. Wir tun aber nichts anderes, als uns den ganzen Tag damit auseinanderzusetzen. Das, was wir Probleme nennen, bekommt unsere gesamte Aufmerksamkeit. Wie sollen sie sich lösen, wenn wir ihnen den nötigen Raum für ihre Existenz zur Verfügung stellen? *Wir* nähren und erschaffen sie, niemand sonst.

Das Problem ist, dass wir alles das, was unsichtbar abläuft, nicht klar einordnen können. Könnten wir sehen, was Gedanken erschaffen und welchen Schaden sie anrichten, würden wir behutsamer und sorgfältiger mit ihnen umgehen. Stellen Sie sich vor, Sie stehen im Garten und es beginnt zu regnen. Nun sind sie nass geworden. Spätestens *jetzt* stellen Sie sich unter. Gehen Sie immer wieder in den Regen hinaus und schimpfen dabei, dass er nass ist? Ach, das tun Sie nicht?! Aber mit Ihren Gedanken tun Sie genau das, ohne es zu bemerken. Sie spazieren mit Ihren Gedanken in das Problem hinein, das sich aus dem Prinzip von Ursache und Wirkung ergeben hat. Sie trampeln darauf herum und sind nicht bereit, diesen Problemplatz gedanklich zu verlassen. Was meinen Sie, wer das Problem aufrecht erhält und warum es sich nicht verändern oder weichen kann?

Energie folgt der Aufmerksamkeit. Das ist ein ewiges, ungeschriebenes Naturgesetz. Und wieder geht es um Bewusstsein. Es gilt zu erkennen, dass wir es sind, die unsere Lebenszustände erschaffen. Man kann *jetzt* aber nicht sagen, dass jemand an seinem Leben Schuld hat, denn so etwas wie Schuld gibt es nicht. Es ist ja niemand absichtlich so wie er ist. Keiner kann aus seiner Haut. Er handelt so, wie er eben handelt. Auch wenn er damit seine Lebensumstände verursacht, hat er sie nicht absichtlich so geformt.

Von Schuld kann hier wohl keine Rede sein. Ich sage dies deshalb, weil viele Menschen diese Gesetzmäßigkeiten nicht ganz verstehen oder nicht nachvollziehen können. Sie lesen irgendwo, dass sie ihr Leben selbst verursacht haben, und machen sich Vorwürfe. Dann haben Sie ein schlechtes Gewissen, das sie noch zusätzlich runterzieht, und das muss nun wirklich nicht sein. Die einzige Schuld, die es gibt, ist: sich schuldig fühlen.

Wenn wir uns dessen bewusst sind, dass das Leben unserer Stimmung und unserem Sosein folgt, werden wir entsprechend achtsamer und wachsamer sein. Je stimmiger, freundlicher und liebevoller wir leben, desto harmonischer wird sich unser Umfeld gestalten.

So, wie wir die Welt sehen, wird sie sein. So, wie wir ihr begegnen, wird sie uns begegnen.

Werden wir uns also bewusst: Was auch immer wir von anderen denken, denken wir in Wahrheit von uns selbst. Genauso, wie wir von anderen sprechen, so richten wir uns selbst. Sprechen wir freundlich und liebevoll von unseren Mitmenschen, dann sind wir liebevoll zu uns selbst. Beurteilen wir Menschen wegen ihrer Hautfarbe oder Herkunft, ist es lediglich unsere eigene Wertung dieser Person gegenüber. Es spiegelt nur unsere Sichtweise. Die Aussage hat mit dem Gesehenen absolut nichts zu tun. Wir wissen über alles etwas zu sagen, statt es für sich sprechen zu lassen. Wie schnell sind Kommentare übergestülpt und Urteile gefällt. Wir richten über dies und jenes, doch was wissen wir schon vom Leben? Vor allem wissen wir nicht, was es noch alles für uns bereithält.

Wie gehen wir mit anderen um? Auch unsere Art des Verhaltens und der Handlungen formt Probleme. Das ist ein ganz natürliches Gesetz. »Was du nicht willst, dass man dir tut, das füg auch keinem andern zu.« Jeder kennt es, kaum jemand praktiziert es. Bei Missachtung dieses Gesetzes beginnt die Wirkung aber unmittelbar – oder manchmal auch erst später, wenn man gar nicht mehr daran denkt. Wer wundert sich da noch über problematische Lebensumstände, wenn wir sie nähren und erzeugen? Und wenn dann etwas eintritt, was uns unangenehm ist, sagen wir: »Was habe ich bloß getan? Bin ich wirklich so ein schlimmer Mensch, dass mir das passieren muss?« Wir bringen es aber nur selten mit Gedanken und den daraus entstehenden Handlungen in Zusammenhang. Und seien wir ehrlich, auch wenn wir das könnten, hätten wir dazumal wirklich anders handeln können?

Haben Sie sich derartige Fragen schon einmal gestellt? Ich meine nicht solche Fragen: »Wenn ich damals die Prüfung geschafft hätte, wäre alles anders gelaufen!« Nein, diese Art von Fragen meine ich nicht. Ich meine Fragen wie die, ob es damals wirklich die Möglichkeit gegeben hätte, dass Sie die Prüfung geschafft, den Partner verlassen oder Ihren Bekannten nicht beleidigt hätten? Hätten Sie anders gehandelt, wenn Sie dazu in der Lage gewesen wären? Sie waren es nicht, sonst hätten Sie es getan! Also muss es da Dinge zwischen Erde und Himmel geben, die wir nicht einsehen können – Dinge, die einfach geschehen, durch uns geschehen und die wir gar nicht anders tun können.

Wir sind zwar verantwortlich für das, was wir tun, doch unsere Handlungen können wir nicht selbst bestimmen. Wir können etwas wollen, aber können wir es auch steuern? Der große Albert Einstein zitierte einmal die weisen Worte eines deutschen Philosophen:

> Der Mensch kann zwar tun, was er will, aber er kann nicht wollen, was er will.
>
> *Arthur Schopenhauer*

Befreiung aus dem, was uns gefangen hält

Was steckt dahinter? Wie weit liegt es in unserem Ermessen, Entscheidungen zu treffen? Was geschieht, bevor wir uns für etwas entscheiden? Was lenkt uns? Wer steuert uns? Das, was wir wirklich sind? Unser höchstes Selbst, die universelle Kraft, die in alle Ewigkeit existiert und immer schon war?

Wir können gar nicht anders handeln als wir handeln. Das sollten wir durchschauen, dann werden auch Probleme nicht mehr so schwerwiegenden Bewertungen unterliegen. Solange wir auf dem alten Geleise fahren, wird der Zug nur in die eingefahrene Richtung gehen. Stellen wir hier und *jetzt* die Weichen und lenken wir unser Gefährt um, um mehr Leichtigkeit in unser neues Leben zu integrieren.

Beobachten Sie sich selbst!
Schreiben Sie auf, was Ihnen dabei in den Sinn kommt, denn dadurch werden Sie kleine Veränderungen besser erkennen können.

Welche Gedanken denke ich, welche denken mich?
Wie oft denke ich über Dinge nach, die jetzt gar nicht relevant sind?
Wie oft verlasse ich gedanklich den Augenblick?
Wie oft nähre ich das, was ich als Problem sehe, mit Gedanken?
Was denke ich von mir selbst?
Wie sehe ich das Leben?
Was denke ich von den Menschen, die mir jeden Tag begegnen? Zu Hause? Am Arbeitsplatz? Beim Autofahren? In der Straßenbahn? Im Zug?
Wohin denke ich?

Wenn Sie sich diese Fragen beantwortet haben, legen Sie sie zur Seite. Nehmen Sie sie von Zeit zu Zeit hervor, um zu sehen, was sich verändert hat und wo Sie sich anders verhalten. Und nun bleiben wir nicht in den Situationen und im Augenscheinlichen stecken, sondern sehen uns das Ganze etwas genauer an. Wir betrachten es »als Ganzes«

und dringen in unsichtbare Bereiche vor, die nur darauf warten, von Ihnen entdeckt zu werden.

Was sind Gedanken?
Wo kommen sie her?
Was war vor den Gedanken?
Wann haben sie begonnen?
Werden sie enden?
Und wann?

Wagen wir es, uns diese Fragen selbst zu stellen. Das ist sehr hilfreich, weil es auf den Verstand äußerst irritierend wirkt und ihn kurz innehalten lässt, bis der nächste Gedanke kommt. Spüren Sie die Stille vor dem nächsten Gedanken. *Von wo kommt er?* Spielen Sie damit, bei jedem Gedanken. Verunsichern Sie den Verstand. Fordern Sie ihn heraus! Es geht nicht darum, etwas zu analysieren. Vielmehr geht es darum, den normalen Gedankenablauf etwas durcheinanderzubringen und hin zu fühlen, was dabei in einem geschieht. Was spüren Sie? Wie fühlen sich diese Fragen an?

Das Geheimnis des Lebenskenners

Was sehr intensiv wahrnehmbar ist, wenn Sie sich darauf einlassen, ist der leere Bereich, der nach der Frage bis zum nächsten Gedanken entsteht. Und genau hier sollten Sie hinein spüren. Bleiben Sie in diesem Bereich stehen. Dort haben Sie die einmalige Chance, sich selbst zu begegnen. Dort wohnt das, was Sie und wir, was wir alle sind: universelle Einheit, Friede und Nichts; das Nichts, das Alles ist. Im Gedankenfluss sollten Sie nicht stecken bleiben, sondern sich in die Ruhezone begeben, die zwischen den Gedanken anzutreffen und immer vorhanden ist. Wir kümmern uns nur nie darum und sehen dort nie hin.

> Sie können Situation nicht willentlich verändern, indem Sie im Außen etwas dafür tun. Situationen werden dann eine neue Form annehmen, wenn Sie Ihre Sichtweise und Ihr Bewusstsein weit werden lassen und sich innerlich neu ausrichten!

Probleme adé!

Nicht der ewige Fluss der Gedanken, sondern der stille Bereich zwischen Gedanken, der unweigerlich kommt, ist von großer Wichtigkeit. Warum? Weil es dort keine Probleme gibt. Wo keine Gedanken sind, gibt es auch keine

Probleme. Probleme werden erst dann zu welchen, wenn Sie sich damit auseinandersetzen.

Je öfter Sie nach diesem stillen Bereich Ausschau halten, desto öfter bewegen Sie sich aus dem Feld heraus, in dem sich die Lebensproblematik abspielt. Das heißt nicht, dass Sie Situationen einfach ignorieren sollen. Ganz im Gegenteil: Sie gehen auf sie zu, ziehen sich in diesem Bereich zurück und betrachten sie ganz neutral. Auch von dort aus ist etwas zu lösen, zu erledigen oder zu tun, doch das wird nur wertungsfrei und von Emotionen befreit, absolut stimmig und harmonisch gelingen.

Wenn Sie sich nicht mehr so sehr damit identifizieren, können Sie mit Ihren Sinnen und Ihren Gedanken davon Abstand nehmen. Je mehr Abstand sie zu einer Situation bekommen, desto gelassener werden Sie ihr begegnen. Je gelassener Sie ihr begegnen, desto neutraler werden Sie sie wahrnehmen können. So kann das Problem Sie nicht mehr beherrschen, und Sie sind nicht mehr abhängig vom Verlauf der Dinge.

Wenn der Gemütszustand eines Menschen von äußeren Umständen abhängig ist, dann ist er ihnen ausgeliefert. Natürlich empfindet man etwas, doch man lässt sich nicht beeinflussen und unnötig aus der Reserve locken. Jede Reaktion ist Energie, die für etwas ganz anderes eingesetzt werden kann. Verschießt man sie jedoch unkontrolliert, wird diese zu einer Ursache, die neue und wiederum noch härtere Wirkungen hervorrufen wird.

Wer also anders mit Gegebenheiten umgeht,
der wird sie verändern. So können sie sich verändern, weil wir uns anders verhalten, ja anders
sind.

Wenn Sie das, was Sie im Moment belastet, nicht mehr mit
Gedankenenergie nähren, wird sich auch Ihre Wahrnehmung
dazu ändern. Eine neutralere Wahrnehmung nimmt der
Sache sozusagen den Wind aus den Segeln. Mehr und mehr
werden Sie erkennen, dass nur Sie, also Ihre Sichtweise
und Gedanken dazu, Ihre Situationen gestalten.

Natürlich kann es als unangenehm empfunden werden,
das heißt von einem unguten Gefühl begleitet werden. Lassen Sie diese Gefühle einfach so sein und durchwandern
Sie sie so lange, bis sie abfallen. Sie werden Sie noch eine
Zeit lang begleiten, doch irgendwann werden auch sie verschwunden sein. Kümmern Sie sich nicht darum. Kümmern
Sie sich nur um den Augenblick, der erfüllt sein will.

Um es genauer zu sagen, wenden Sie sich immer wieder
diesem Bereich zu, der zwischen Ihren Gedanken hervorblitzt
und stets anwesend ist. Alles andere können Sie getrost dem
Leben überlassen. Bis dahin heißt es, die betreffende Situation nicht mit Gedanken zu nähren und die Gefühle ebenfalls
nicht. Nicht dagegen zusteuern und nichts lösen zu wollen,
lautet die Devise. Es einfach so lassen.

> Der Lebenskenner ist ein Alleskönner, weil er
> dem Leben erlaubt, so zu sein wie es ist, und
> das vollumfänglich, auf jede Art und Weise.

Kurz gesagt: Wenn Sie einer prekären Situation ohne Gedanken und Gefühle gegenüberstehen und sie einfach so nehmen, wie sie ist, dann verliert sie die Macht über Sie. Reagieren Sie nicht gleich. Wenn Sie nicht reagieren, dann wandelt sich die Situation. Versuchen Sie nicht, die Gedanken zu kontrollieren, das funktioniert nicht. Erst wenn Sie wissen, was Gedanken sind und wo sie entstehen, werden Sie erkennen, warum es nicht funktionieren kann. Gedankenkontrolle wäre nichts anderes als Ego-Kontrolle und hat mit dem wichtigen Bereich zwischen den Gedanken nichts zu tun.

Finden Sie es selbst heraus! Werden Sie sich einmal bewusst und gestehen Sie sich ein, dass Sie andauernd denken. Viele Menschen sagen: »Ich denke doch gar nicht!« So etwas gibt es kaum. Diese Einsicht ist sehr wichtig. Wie können wir unser Denken ruhiger und achtsamer beobachten, wenn uns nicht einmal bewusst ist, dass wir ständig am Denken sind?

Seien wir wachsam und schauen wir genau hin,
wohin wir denken, denn dorthin leben wir
schließlich auch.

Schauen wir tief in uns hinein.
Wie fühlen wir uns, gerade jetzt, wo wir dies alles lesen?
Ruft es in uns Widerstand hervor?
Oder fühlen wir uns machtlos? Fühlen wir uns als Opfer?
Oder gar wertlos?
Fühlen wir uns gut oder schlecht?

Seien wir uns bewusst, genau in diesem Augenblick, dass
ohne den dualistischen Aspekt weder das Eine noch das
Andere existieren kann. Nähren wir nicht weiterhin die
Gedanken, sondern schauen wir bewusst hin, wo die Ursache liegt. Die Gedanken bringen uns von der eigentli-
chen Lösung weg und zementieren das Problem. Sie behaupten zum Beispiel, dass wir unser Körper sind, und
weil wir auf das Denken so fixiert sind, glauben wir es.
Dabei ist der Körper nur das Gehäuse, in dem die Seele
in der irdischen Sphäre wohnt.

Nutzen wir die kostbare Zeit, die uns hier auf Erden zur
Verfügung steht, und erwachen wir aus dem, was wir wirklich *nicht* sind.

Das Problem mit dem »Haben-Wollen«

Alles, was wir haben wollen, wird vor uns flüchten, weil es einen Mangel bezeugt. Im Mangelbewusstsein passiert nicht viel, außer dass uns mangelhafte Dinge widerfahren. Also hören wir am besten gleich mit dem Wollen und Nicht-Wollen auf. Nehmen wir endlich das an, was das Leben uns im Hier und Jetzt bietet.

Solange wir den Zustand nicht erkennen, der ein bestimmtes Muster in uns aufrechterhält, wie zum Beispiel immer wiederkehrende, zwanghafte Gedankengänge, sind wir wie fremdgesteuert. Die Gedanken leben uns, und wir lassen zu, dass wir nicht aus uns heraus leben und handeln. Aber nur, wenn wir natürlich und spontan aus unserem intuitiven Herzen heraus handeln, leben wir auch natürlich. Alles andere erzeugt ein unnatürliches Verhalten und hat Umstände zur Folge, die uns missfallen.

Spüren wir hin, welches Gefühl sich hinter unseren Verhaltensmustern verbirgt, und entziehen wir ihnen die Macht, unser Leben zu beherrschen.

> Gedanken haben uns solange in der Gewalt, solange wir nicht bereit sind, unsere Gefühle wahrzunehmen und anzuerkennen, dass wir diese Gefühle haben.

Ergreifen Sie die Initiative, lassen Sie die Kraft in Ihrem Inneren Ihr Leben neu gestalten. Sagen Sie »Ja« zu Ihrem jetzigen Leben und gestatten Sie ihm, so zu sein, wie es *jetzt* gerade ist. Genauso ist es wundervoll, auch wenn wir das heute vielleicht noch nicht erkennen können!

Wenn Sie diese Zeilen lesen werden Sie tief in Ihrem Inneren spüren, ob Sie *jetzt* bereit dazu sind, die Verantwortung für Ihr Leben zu übernehmen, und damit beginnen wollen, den Müllberg abzutragen. Oder wollen Sie im alten Fahrwasser weiterhin ihr Leben vertrödeln? Mutieren Sie zum Lebenskenner und Alleskönner, und das Leben nimmt neue Formen an. Es wird leicht und bekömmlich, und nur so soll es sein!

Probleme und deren Lösung

Nichts außer Aufgaben

Probleme sind nichts weiter als Aufgaben, die gelöst werden wollen. Es gibt kein Problem, das nicht gelöst werden kann. Wenn wir unsere innere Einstellung zu den sogenannten Problemen ändern, werden sie sich verändern.

Das Leben ist immer so, wie wir es sehen und formen. Unser Sosein formt das, was wir unser Leben nennen. Ein Problem entsteht genau genommen oft erst dann, wenn wir uns mit unserem Denken und unseren Vorstellungen im Wege stehen. Das Ego liebt Probleme, denn damit kann es uns nach Strich und Faden manipulieren. Es schaukelt ein kleines Missverständnis zu einem riesengroßen Desaster hoch. Und wir? Wir gehen ihm glatt auf den Leim, wie man so schön sagt. Dies gilt es zu durchschauen.

Alles, was uns im Leben widerfährt, das wir als »Problem« bezeichnen, enthält bereits seine Lösung. Die Aufgabe, die gelöst werden soll, ist immer wie für uns gemacht. Und sie ist tatsächlich nur für *uns* bestimmt, weil sie unserem *Sosein* entspricht. Wir tun uns oft schwer, dies zu erkennen, und sehen den Wald vor lauter Bäumen nicht. Ein anderer hingegen könnte unsere Probleme ganz leicht lösen. Wie oft habe ich schon gedacht, dass man eine Problemtauschzentrale einrichten könnte. Sie tauschen Ihr Problem einfach mit dem eines anderen, und der könnte Ihres umgehend lösen. Warum? Weil er emotional nicht in Ihrem Problem verstrickt ist, so wie Sie nicht in dem Problem des anderen.

Nun, an diesem Beispiel können wir erkennen, dass es unsere Haltung, Reaktion, unser Empfinden und unsere Vorstellung sind, die Probleme so schwierig machen. Man sagt zwar oft leichthin: »Das ist nicht mein Problem, das geht mich nichts an.« Aber ist man sich in diesem Moment wirklich bewusst, was man eigentlich gesagt hat? Wenn Ihr Problem oder das eines anderen ein *echtes* Problem wäre, dann müsste dieses Problem ja für jeden schwerwiegend sein. Ist es aber nicht. Es liegt also an unserer Sichtweise, die Probleme erzeugt und aufrechterhält.

Sollten wir dann nicht damit aufhören, die Zustände ändern zu wollen? Sollten wir nicht besser unseren Bezug dazu ändern? Am besten entziehen wir uns der Sache mental, statt uns darauf zu beziehen. Warum binden wir uns freiwillig an Probleme? Doch nur, weil wir glauben, das Leben bestimmen und manipulieren zu müssen. Wir glauben, dass immer alles so sein muss, wie wir es wollen. Und wir glauben, dass das Leben nach unserem Geschmack funktionieren muss. Und genau das tut es nicht. Nie! Ist Ihnen das auch schon aufgefallen?

Zwischenmenschliches, Beziehungen und die Liebe

Wenn wir die Situation nicht ändern können, warum ändern wir nicht einfach unseren Bezug dazu? Wenn Sie zum Beispiel Ihr Partner verlässt, müssen Sie nicht damit einverstanden sein. Aber es steht fest: Er ist nicht mehr der Partner, der Ihnen entspricht, und hat sich deshalb auf irgendeine Weise aus Ihrem Leben gelöst.

Jetzt sind Sie verzweifelt, weil Sie sich allein gelassen fühlen. Das bezeichnen Sie nun als Problem. Dabei ist es gar keines. Natürlich ist es menschlich, Zeit zu brauchen, um sich emotional von einer Person zu distanzieren und sich in eine neue Situation einzuleben.

Doch ob Sie nun einverstanden sind oder nicht, es ändert nichts an der Situation.

Wenn Sie nicht dafür oder dagegen sind, sondern einfach ja dazu sagen, dass das Leben jetzt genau diese Richtung für Sie eingeschlagen hat, dann ist auch das Problem verschwunden, nicht nur der Partner.

Sie aber wollen genau diesen Menschen wiederhaben und schwelgen in Erinnerungen und Selbstmitleid. Wer sagt Ihnen denn, dass er der Richtige ist? Wäre er es, wären sie noch ein Paar! Nur weil Sie nicht wissen, was das Leben nun mit Ihnen vorhat, klammern Sie sich an die Vergangenheit. Aber auch wenn Sie nicht wissen, was das Leben Ihnen bieten wird, entwickeln Sie doch einfach Neugier darauf. Es wird mit Sicherheit anders. Es könnte besser werden. Aber Sie wollen das Altbekannte. Dabei geht es Ihnen gar nicht mehr um den Menschen, sondern nur noch um das Wollen. Das Ego will immer etwas – und das ist das eigentliche Problem. Wenn Sie nichts mehr wollen, lösen sich Probleme wie in Nichts auf.

Ein Problem ist immer mit dem Willen, also mit
einem ichbezogenen Wollen verknüpft. Entwe-
der wollen Sie etwas oder Sie wollen etwas
nicht. Wann beginnen Sie damit, sich der
Lebenssituation zu stellen und sie so zu bejahen,
wie sie sich gerade zeigt?

Sie finden das schwierig? Aber was bleibt Ihnen anderes
übrig? Denken Sie, es gibt eine andere Möglichkeit oder
Sie hätten die Wahl? Hätten Sie die, dann könnten Sie sich
jetzt ja aussuchen, wie die Beziehung weitergehen soll.
Aber auch wenn es Ihnen nicht recht ist, wird es nichts
daran ändern, dass es so ist, wie es ist.

Ist es daher nicht der einfachere und widerstandslosere
Weg, sich dem Leben einfach hinzugeben?

Das Problem ist nicht das Problem, sondern,
dass der Mensch es ständig anders haben will,
als es nun einmal ist.

Leider steht uns oft die Gewohnheit im Weg, und auch
das Sicherheitsdenken bildet für uns ein Hemmnis. Blind-
lings lassen wir uns auf eine Änderung nur ungern ein.

Selbst wenn wir sie noch so sehr herbeisehnen, sollte sie doch besser erst nächste Woche erfolgen, damit wir uns darauf einstellen können.

Aber der Sprung ins kalte Wasser ist nicht immer unangenehm, er erfrischt und ist oft der beste Weg: kurz und schmerzlos, um es einfach auszudrücken.

Wir glauben auch oft, die verschiedensten Problemformen zu haben. Dabei gibt es sie in Wahrheit gar nicht. Sie entspringen unserer Vorstellung und sind eine Projektion ins Außen – auf *irgendetwas* im Außen. Das ist das Hauptproblem: Wir projizieren unsere Ideen, Ängste und Erfahrungen auf Dinge, die eigentlich gut sind, begegnen aber allem vorprogrammiert und schubladisieren es. Welche Chance hat es da noch, sich frei zu entfalten?

In Wirklichkeit sind wir selbst unser allergrößtes Problem. Wir haben uns, ohne es zu wollen, die verschiedensten Verhaltensmuster antrainiert und sie immer wieder belebt. Auch das ist uns zu einer Gewohnheit geworden. Wir spielen dieses Kindergartenspiel zwar unbewusst, aber eifrig weiter. Ist es das wirklich wert? Seine Lebenskraft auf Dinge zu reduzieren, die meistens nichts mit uns zu tun haben? Das Geheimnis ist das Hier und Jetzt, die Dinge so anzunehmen, wie sie sich im Augenblick zeigen. Oft lösen sich dadurch Probleme und Situationen dermaßen unkompliziert auf, dass man nur noch staunt.

Wenn man keine Vorstellung mehr hat, wie es sein sollte oder wie man es gerne hätte, verabschiedet sich so manche Verworrenheit. Bleiben wir aber vergangenen Bildern, Vergleichen und Erinnerungen verhaftet, nähren wir sie dadurch und erschaffen unser eigenes Leidensfeld. Das ist die Geburt von Lieblosigkeit und vieler nachfolgender Missverständnisse, die laut dem Gesetz von Ursache und Wirkung wieder nur auf uns selbst zurückfallen.

Um auf das ursprüngliche Beispiel zurückzukommen: Akzeptiert man die Entscheidung des Partners, der ja gar nicht anders handeln kann, dann ist man frei für sich selbst. Erst wenn man die Dinge etwas genauer betrachtet und erkannt hat, dass er ja nicht anders kann, als so zu handeln, wie er handelt, ist man wirklich frei. *Wer* handelt? Fragen Sie nicht nach dem Warum. Hierfür gibt es keine Antwort. Suchen Sie erst gar nicht danach.

> Es ist, wie es ist. Das ist der Satz, der in die innere Freiheit führt!

Indem man die Situation so annimmt, wie sie *jetzt* ist, schenkt man nicht nur dem anderen, sondern auch sich selbst die Erfahrungen, die längst schon auf einen warten. Bekämpfen wir uns aber gegenseitig, indem wir Lieblosigkeiten aussenden und Verwünschungen, dann haben wir das Problem erzeugt, welches uns selbst schadet. Schließlich ist der Partner nicht mein Eigentum, sondern ein eigenständiger Mensch mit Selbstverantwortung. Genau wie ich für *mein* Leben trägt er die volle Verantwortung für *ihr* oder *sein* Leben.

Wir sollten uns in zwischenmenschlichen Belangen nicht aneinander binden, sondern uns gegenseitig von allen egozentrischen Anhaftungen lösen, denn in allen Menschen wohnt der göttliche Funke. Der Andere, den es in Wahrheit nur als Spiegelung gibt, zeigt uns lediglich, wie wir sind oder eben nicht sind. Ganz ohne Wertung! Niemand ist besser als der andere oder eher etwas Besonderes, wir sind alle einfach Menschen. Und als Menschen machen wir Fehler. Auch das darf sein! Wir können allerdings damit aufhören, den gleichen Fehler immer und immer wieder zu begehen. Vor allem können wir damit aufhören, uns selbst in diesem Kreislauf gefangen zu halten. Und wir wissen sogar, wie das geht: indem wir nicht mehr ständig daran denken und davon reden. Die Gefängnistüre steht weit offen, warum bleiben wir noch immer stehen? Haben wir Angst vor dem echten Leben oder vor der Verantwortung? Ist es vielleicht das Neue oder Unbekannte, vor dem wir uns fürchten?

Wir schöpfen ständig aus dem Alten. Aus der Vergangenheit, Erzählungen oder Berichten, die wir in der Zeitung lesen. Beenden wir unsere Verurteilungen und unnützen Gespräche über andere Menschen und deren sogenannte Probleme. Das hilft uns nicht wirklich weiter. Im Gegenteil, es schadet uns sogar! Wenn wir nämlich vom Partner sprechen und sagen, was an ihm alles gut oder schlecht ist, dann kritisieren wir eigentlich uns selbst. Seien wir einfach still und beteiligen wir uns an solchen Egospielen nicht mehr.

Wenn wir uns dessen bewusst sind und im täglichen Leben achtsamer mit unseren Wertungen, Vorstellungen, Worten und Gedanken umgehen, wird Partnerschaft in ein neues Licht gestellt. Erst dann kann es zu wahrer Gemeinsamkeit kommen, die nicht irgendwelchen festgefahrenen Gewohnheiten unterliegt. So weit kommt es in der Regel leider nicht. Meistens trennt man sich eigentlich schon, bevor man sich wirklich begegnet ist. Man hat vielleicht mit einem Menschen zusammengelebt, aber seine Seele ist einem fremd.

Wohlstand und Geld

Mit Geldproblemen ist es nicht anders. Geld ist nur ein Stück bedrucktes Papier. Richten wir den Fokus auf das Haben-Wollen oder das Verlieren, wird es uns genommen. Wir senden dann unbewusst Mangel aus. Wer will schon bei uns bleiben, wenn wir so denken und fühlen? Es steht bereits in der Bibel: »Denn wer da hat, dem wird gegeben, dass er die Fülle habe; wer aber nicht hat, dem wird auch das genommen, was er hat.«

Wahrer Reichtum muss sich in Ihrem Inneren zeigen, indem Sie erkennen, was Sie wirklich sind. Reichtum ist Fülle. Er ist die Verbindung zu unserem Inneren, die Verankerung und regelmäßige Hinwendung an die universelle Kraft, die uns zum gegebenen Zeitpunkt mit all dem versorgt, was wir benötigen. Diese Kraft ist unser wahres Wesen!

Das gilt es aber *nicht* zu wollen. Vielmehr geht es um die absolute und demutsvolle *Hingabe* an den Moment, egal wie dieser ist, ob voll sogenannter selbsterzeugter Probleme oder nicht. Wir haben immer nur den Augenblick. Nehmen wir ihn liebevoll an und genießen wir ihn dankbar. Das beendet die Problemerzeugung. Natürlich heißt das nicht, dass nicht noch manche unerwartete problematische Situation auftreten kann, denn die Dauer der Ablösung vom Alten kann niemand ahnen oder voraussehen oder gar bestimmen.

Es liegt allein in Gottes Hand! Und es befreit unsagbar, macht leicht und glücklich und führt zu einem friedvolleren Leben, wenn man nirgendwo mehr anhaftet oder etwas will. Das ist wahrer Reichtum, den es anzustreben lohnt.

Um das zu erhalten, was zu besitzen sich lohnt, ist es unter Umständen erforderlich, vorher alles andere aufzugeben!

Was ist Wohlstand?

Solange wir im Mangelbewusstsein verhaftet sind, können wir uns so sehr anstrengen, wie wir wollen, und es wird sich diesbezüglich rein gar nichts ändern. Ganz im Gegenteil. Die Spirale geht weiter abwärts. Unsere Antwort muss lauten: Denken, Fühlen und Riechen wir Wohlstand, seien wir selbst dieser so sehr begehrte Wohlstand.

Wohlstand bedeutet, dass es Ihnen zum Wohle steht. Alles! Er besteht aus mehreren Säulen: der körperlichen und geistigen Gesundheit sowie allgemeiner innerer Zufriedenheit und materieller Fülle! Eine einfache Ausgewogenheit dieser Säulen strahlt ein sogenanntes Wohlstandsbewusstsein durch uns aus, das sich natürlich in all unseren Lebensaspekten widerspiegelt. Es ist wirklich sehr wichtig, dass dieses Wissen sich in unserem täglichen Tun widerspiegelt und verankert. Nur dann können wir unsere Gedanken, das Sprechen sowie das Handeln ganz danach ausrichten und identisch sein.

Lassen Sie sich von nichts und niemandem sagen, dass das nicht funktioniert. Am besten erzählen sie niemandem, dass sie auf solche Weise nach Wohlstand streben, denn keine Henne kräht, bevor sie ein Ei gelegt hat. Von ungelegten Eiern sollte man einfach nicht sprechen, denn dann werden sie meistens nicht mehr gelegt. Das heißt: Das, worüber man gesprochen hat, weil man es gerne machen möchte, kommt erst gar nicht mehr zustande. Und auch nach Ihrem ersten Erfolg: Seien Sie einfach still, lassen Sie die ersten Erfolge vorbeiziehen, bevor Sie sie hinausposaunen. Sie werden bemerken, wie wichtig Schweigen sein kann, vor allem wenn es um Ereignisse geht, die nur mit Ihnen zu tun haben.

Ziehen Sie das Armutshemd aus und ziehen Sie sich ein neues Wohlstandshemd an. Fühlen Sie, wie es sich anfühlt und was es in Ihnen bewirkt. Tragen sie es gerne und mit Leichtigkeit. Seien Sie sich im Hier und Jetzt bewusst, dass ab *jetzt* alles neu ist.

Mit dieser neuen Einstellung beginnen Sie Ihre alltäglichen Pflichten. Mit dem neuen Hemd, das Sie nun tragen, lassen Sie sich auch vom Leben tragen. Seien Sie wachsam und achtsam. Es kann sein, dass Ihnen ein neuer Job angeboten wird, bei dem Sie Ihren Qualifikationen entsprechend besser entlohnt werden und vielleicht auch mehr Freizeit genießen können. Ein Job, der Ihnen auch wirklich mehr Freude und Spaß bereitet und in dem Sie viel lieber arbeiten als in Ihrem vorigen.

Gehen Sie mit diesem geistigen Wohlstandshemd schlafen, und wenn es nur zehn Minuten zu Mittag sind. Es ist egal. Wichtig ist, dass Sie wirklich tief und fest einschlafen. Wie heißt noch gleich der Satz in der Bibel: »Den Seinen gibt's der Herr im Schlaf.« Was glauben Sie wohl, was dies bedeutet? Genau das, was ich Ihnen gerade geschildert habe. Hauptsache ist, dass Sie Ihr Wohlstandsbewusstsein nicht zudenken, sondern es in sich fühlen und wirken lassen.

Speziell im Schlaf kann es nicht mehr überdacht werden und somit Früchte tragen. Lassen sie es ruhen und zweifeln sie nicht daran, weiter gibt es nichts zu tun.

Die Kernsätze des Wohlstands:
1. Wohlstand ist bereits da. Er kann nicht abwesend sein. Nur du kannst abwesend sein.
2. Energie folgt der Aufmerksamkeit.
3. Alles ist optimal.

Schritte zum Wohlstand:
1. Söhne dich mit dir selbst aus.
2. Verzeihe dir und vergib anderen.
3. Liebe dich bedingungslos, dann wirst du dich auch in anderen erkennen.
4. Lerne dich selbst kennen. Erforsche dich. Finde dich.
5. Erfülle den Augenblick.
6. Zögere nicht, handle.
7. Lass Gedanken ziehen.
8. Erschaffe inneren Frieden und bewahre ihn dir.
9. Sei nicht so streng mit dir.
10. Sei nicht für oder gegen etwas, sag einfach: »JA!«
11. Bewahre dir die Neugier.
12. Sei, was du fühlst. Sei, was du bist. Sei.
13. Hab Geduld.

Das Geheimnis vom Glücklichsein

Geburtsrecht oder Zufall?

Was ist Glück? Ist Wohlstand Glück? Ist Glück nichts weiter als Zufall? Jeder ist seines eigenen Glückes Schmied, sagt man. Ist Glück also etwas, was man selbst verursacht, oder ist Glück etwas, was einem widerfährt?

Tagtäglich umgibt uns das Glück. Es liegt in den einfachen und kleinen Dingen und Freuden des Lebens. Es ist schon ein Glück, am Leben zu sein. Wir nehmen vieles für selbstverständlich, weil wir es so gewohnt sind. Morgens aufzuwachen ist bereits ein Grund, um glücklich zu sein. Sind wir glücklich? Können wir uns am täglichen Neubeginn des Tages freuen? Wenn Sie das können, dürfen Sie sich wahrhaft glücklich schätzen!

Der Mensch strebt stets nach mehr und vor allem nach Dingen, die ihn irgendwie glücklich machen und befriedigen sollen. Er sucht nach dem Kick, dem Außergewöhnlichen, Einzigartigen und verliert dabei das Glück, die Einfachheit aus den Augen. Das Außergewöhnliche wird im Außen gesucht, doch das ist sinnlos. Natürlich gibt es Augenblicke, in denen wir uns gut fühlen. Für einen Moment. Doch was nutzt uns das? Es wird wieder vergehen, nichts ist von Bestand. Das hat uns die Erfahrung gelehrt.

Flüchtig und vorüberziehend ist das irdische Glück. Aber es ist nicht übel. Wer es einmal gehabt hat, versucht es festzuhalten oder wieder zu erlangen. So ist der Mensch damit beschäftigt, dem Glücksgefühl hinterher zu jagen und es immer wieder erzeugen und haben zu wollen. Das kostet nicht nur Energie, es ist anstrengend und sinnlos, weil es stets vorüberziehen wird. Aber es gibt ein Glück, das ewig ist, und das finden wir in uns.

Sie haben jetzt drei Möglichkeiten:

1. Entscheiden Sie sich für das kurzfristige Glück, das Ihnen zwar schöne Augenblicke beschert, Sie aber

von einem anfänglichen Hochgefühl rasch wieder in ein Tief absinken lässt.

2. Entscheiden Sie sich für den intensiveren Weg. Das ist der Weg im Leben, immer wieder nach innen zu gehen, um eines Tages das Glück hinter all den Dingen zu entdecken. Sobald Ihnen das gelingt, sind Sie wieder Sie selbst. Sie sind nicht mehr abhängig von äußeren Umständen. Das Leben kann dann so sein, wie es will. Sie sind immer in einer glücklichen Gelassenheit und ruhen in sich selbst. Es kann ebenso turbulent zugehen, wie es bei Variante eins der Fall ist, aber Sie haben Abstand zu den Dingen genommen. Ihre persönlichen Absichten fallen nach und nach ab. Sie nehmen sich nicht mehr so wichtig, und es steht auch nicht mehr im Vordergrund, um jeden Preis glücklich zu sein. Sie sind in jedem Zustand gut aufgehoben, das wissen Sie. Und Sie sind einverstanden, das Leben so zu nehmen, wie es kommt. Ja, es ist möglich, das Glück auch in unstimmigen Situationen nicht mehr zu verlieren, sondern einfach im Moment zu sein. Sie haben sich von Ihrem Ego und Denken distanziert und definieren sich nicht mehr ausschließlich darüber. Sie sehen die Welt mit dem Herzen. Diese Sichtweise eröffnet Ihnen unbegrenztes, freies Denken, Leichtigkeit und ein spontanes Handeln.

3. Entscheiden Sie sich nicht für oder gegen das Glück, sondern ruhen Sie in sich selbst. Beobachten Sie das

Leben. Was kommt, kommt, was geht, geht. Es ist, wie es ist. Alles – ist – in Ordnung!

> Der Lebenskenner wählt eine der beiden letzteren Varianten. Der wirkliche Alleskönner hat Position drei bereits verinnerlicht und in sein Leben integriert.

Das Glück begleitet uns tatsächlich tagtäglich, ein Leben lang. Wir erkennen es kaum und nehmen es im Moment nicht bewusst wahr. Wir glauben oft kein Glück zu erfahren oder es verloren zu haben, doch dabei übersehen wir, dass *es immer in uns ist.*

Irgendwo las ich einmal folgenden Satz:

> Welch ein Glück ist es zu atmen, weil dir deine Seele mit jedem Atemzug sagt, wie sehr sie dich liebt.

Der Mensch neigt dazu, Glück mit materiellen Gütern zu assoziieren. Glück liegt nicht im »festen Gut«, es ist ein innerer, natürlicher Zustand. Er ist frei von Vorstellungen und Begrenzungen. Er ist einfach da. Wie zum Beispiel auf

einer Bank zu sitzen und den Sonnenuntergang zu beobachten oder im Meer zu schwimmen und den Glanz und
das Glitzern der Sonne auf dem Wasser zu beobachten.

Das ist wahres Glück.

Glück ist es auch, in unglücklichen Momenten,
dem Glück nicht den Rücken zuzukehren.

Wir suchen das Glück ein ganzes Leben lang, und dabei
stehen wir uns oft selbst im Weg und erkennen nicht, dass
es vor unserer Nase ist. Immer! Glück kann sein, zu spät
zum Bahnhof zu kommen, um den Zug, mit dem man
ursprünglich verreisen wollte, zu versäumen, so dass wir
bestimmten Menschen begegnen. Es kann auch Glück
sein, den Mann oder die Frau, die man unbedingt haben
will, nicht zu bekommen, weil man dann frei ist für die
wahre Liebe. Selbst Krankheiten gehören zum Glück,
denn durch nichts ist der Mensch mehr gereift. Wenn wir
erkennen, dass wir durch Krankheit aus dem Gleichge-
wicht kommen mussten, um uns wieder nach innen zu
wenden, können wir uns glücklich schätzen. Das Leben
will uns nicht schaden. Wenn wir krank werden, ist das
ein Geschenk des Lebens.

Ein Glück, dass wir durch diese Umstände endlich den
Mut fassen, das Leben und uns selbst etwas genauer zu

betrachten. Lehnen wir nicht immer gleich alles ab, was uns zufällt. Machen wir es einmal anders und suchen wir in allem die Botschaft, die Tiefe, das Glück. Ein kurzes flüchtiges Hinsehen wird nicht ausreichen, um den Segen aller Missgeschicke auf Anhieb zu durchschauen. Dazu braucht es Ausdauer und Geduld. Gehen Sie es langsam an, aber beginnen Sie damit, aus einer flüchtigen und ober-flächlichen Sichtweise in eine durchdringende Wahrneh-mung einzutauchen.

Das Glück wird aus Ihrem Leben verdrängt, wenn Sie es unbeachtet lassen. Würden Sie Ihrem inneren Glück nur so viel Aufmerksamkeit wie Ihren alltäglichen Ge-danken schenken, Sie wären schon längst ein überglück-licher Mensch.

Ab und zu denkt der Mensch an Sachen, die ihn erfreut haben. Doch diese Gedanken wandern meist in die Vergan-genheit. *Wer in Gedanken hier ist, ist glücklich.* Meistens aber denken wir an etwas, was uns beschäftigt oder belas-tet. Warum hören wir nicht damit auf, uns den ganzen Tag gedanklich nach Dingen auszurichten, die uns zermürben? Wie soll uns das Leben schöne Momente bescheren, wenn wir nur in unschönen Bildern und Vorstellungen denken? *Was man ins Leben hineingibt, kommt zurück.* Wenn Sie also den ganzen Tag in Ihren künstlich aufrechterhaltenden Problemen herumirren, dann wird sich auch keine Harmo-nie in ihr Leben verirren! Es ist so einfach, wie Ihre Aus-richtung funktioniert.

Wenn Sie in einem Geschäft Brot bestellen, bekommen Sie kein Mehl. Sie denken den ganzen Tag an Mehl und erwarten, dass Ihnen das Leben Brot liefert.

Wie soll das gehen?

Sorgen. Überflüssig und kontraproduktiv

Wir machen uns Sorgen um die Kinder, den Partner oder die Partnerin, die Verwandten, den Arbeitsplatz, wie wir die Raten zahlen, was wir morgen kochen werden und um andere Nebensächlichkeiten. Das heißt nicht, dass Sie das alles fallen lassen und sich nicht mehr darum kümmern sollen. Nein! Kümmern Sie sich liebevoll darum, aber überdenken Sie es nicht. Alles geschieht automatisch und von selbst, dafür müssen Sie es nicht erst totdenken!

Natürlich brauchen wir das Denken, um zu funktionieren, aber von tausend Gedanken sind nicht mehr als zwei notwendig. Wer sich ständig nur in seinem Kopf aufhält, hat sich sehr weit von sich selbst entfernt. Die Gedanken kreisen einen ein, weil man hypnotisch gefangen ist in diesem Karussell. Und dann kann es Glück sein, krank zu werden, mal auf sich selbst zurückgeworfen zu sein und Zeit für sich zu haben. Gezwungenermaßen zieht man sich von der Außenwelt zurück und kann danach gestärkt daraus hervorgehen. Man meistert den Alltag plötzlich wieder und kann gelassen das angehen, was einen vorher so nervte. Und siehe da! Plötzlich geht alles viel leichter von der Hand, weil Einsichten gewonnen wurden und sich vielleicht sogar die Sichtweise völlig geändert hat. Körper und Psyche hatten genügend Zeit, sich zu erholen. Dadurch sehen wir vieles anders und vor allem klarer als zuvor.

Das Leben an und für sich ist das größte Glück. In ihm erkennen wir Glückseligkeit. Es ist ein göttliches Geschenk, das wir dankbar annehmen sollten. Und in diesem Körper, ob gesund oder auch krank, bietet sich die Chance, uns zu erkennen. Wir haben uns ungewollt gedanklich und emotional unendlich viele Projektionen erschaffen, die dem Prinzip von Ursache und Wirkung unterliegen. Es gilt viele Inkarnationen zu erlösen, indem wir damit aufhören, gedanklich, emotional und tatkräftig weitere Ursachen zu setzen. Die Aussaat sollte stets liebevoll sein. Nur dann werden auch die Früchte süß schmecken.

Hören wir damit auf, Unruhe zu erschaffen, und nehmen wir die Gefühle an, die gerade da sind. Auch das ist immenses Glück, es einfach *sein* zu lassen. Fühlen wir hin, wenn es schmerzt, und nehmen wir es liebevoll an. Der Druck auf der Brust, die Traurigkeit, Ängstlichkeit, Ausweglosigkeit und Depression sind ein ungeliebtes Kellerkind, das wir immer wieder wegschicken. Dabei will es nur unsere Aufmerksamkeit und unsere Liebe.

Wir alle wollen immer schmerzfrei sein. Warum? Die Anwesenheit von Schmerz kann Glück bedeuten. Weshalb? Weil genau dadurch etwas erkannt werden möchte. Was? Vielleicht Glück? Wenn wir dem Schmerz Raum geben, löst er sich auf und hat seine Arbeit getan. Welch ein Glück. Wenn er bekämpft und unterdrückt wird, verkrampft sich alles und verstärkt die Intensität des Schmerzes um ein Wesentliches. Genau das wird dann als Unglück empfunden.

Fraglos haben wir viele Vorstellungen von Glück von unseren Eltern, den Lehrern, von Vorgesetzten und der Gesellschaft übernommen und uns nie wirklich gefragt, was für uns Glück eigentlich bedeutet. Vielleicht ist es Glück, einfach nur in diesem Augenblick sein Herz zu spüren. Wer weiß das schon? Finden wir es heraus!

Alles ist »Glückseligkeit«

Glück ist gar nicht mal so selten,
Glück wird überall beschert,
vieles kann als Glück uns gelten,
was das Leben uns so lehrt.

Glück ist jeder neue Morgen,
Glück ist bunte Blumenpracht,
Glück sind Tage ohne Sorgen,

Glück ist, wenn man fröhlich lacht.

Glück ist Regen, wenn es heiß ist,
Glück ist Sonne nach dem Guss,
Glück ist, wenn ein Kind ein Eis isst,
Glück ist auch ein lieber Gruß.

Glück ist Wärme, wenn es kalt ist,
Glück ist weißer Meeresstrand,
Glück ist Ruhe, die im Wald ist,
Glück ist eines Freundes Hand.

Glück ist eine stille Stunde,
Glück ist auch ein gutes Buch,
Glück ist Spaß in froher Runde,
Glück ist freundlicher Besuch.

Glück ist niemals ortsgebunden,
Glück kennt keine Jahreszeit,
Glück hat immer der gefunden,
der sich seines Lebens freut.

Clemens Brentano

Oder, wie es Johann Wolfgang von Goethe schon sagte:

Willst du immer weiter schweifen?
Sieh, das Gute liegt so nah.
Lerne nur das Glück ergreifen.
Denn das Glück ist immer da.

Fazit: Willst du glücklich sein im Leben, trage bei zu andrer Glück, denn die Freude, die wir geben, kehrt ins eigne Herz zurück. Wie wundervoll, einfach und klar.

Das Glück ist wie ein Schmetterling, jag ihm nach, und er entwischt dir.

Setz dich hin, und er lässt sich auf dir nieder.

Glück ist nur ein Wort, die Benennung eines Zustandes, der sich in jedem Moment ändern kann. Deshalb sollten wir nach dem einen und wahren Glück Ausschau halten. Auch wenn wir es nicht gleich finden, das »Ausschau halten« hält uns schon davon ab, Kontraproduktives zu tun. So kann Freude in unser Leben einfließen. Sie wird nicht mehr weichen, wenn Sie ihr Ihre ganze Aufmerksamkeit schenken, am besten sofort, *jetzt und immer!*

Freude und Fülle

Frohsinn als Geburtsrecht

Was auch immer der Lebenskenner und Alleskönner kennt und lebt, alles beruht auf Freude. Freude ist die Ausgangsbasis für das tägliche Hiersein. Wer das Leben wirklich kennt, der lässt sich nicht so schnell einschüchtern und lässt die Freude nicht mehr los, auch wenn es einmal ungemütlich wird. Ziehen dunkle Wolken auf, kann die Freude eventuell kurzfristig verdeckt sein, so wie es mit den Sternen ist. Aber auch die Sterne sind nicht verschwunden, wenn sich mal düstere Wolken vor sie schieben. Wer genau und beharrlich genug hinsieht und sich von den äußeren Erscheinungsformen und Gegebenheiten des Alltags nicht abschrecken lässt, wird die Freude schnell wieder zurückerlangen können. Das, was wir in Wahrheit sind, ist helle Freude und wahrhaftige Fülle. Doch Freude und Fülle gilt es erst, in uns zu erkennen und zu erfahren, bevor sie im Außen in Erscheinung treten kann.

Ein Neugeborenes bringt zum Beispiel hellstes Glück, Freude und unermessliche Fülle in das Leben seiner Eltern. Die Liebe einer Mutter zu ihrem Baby kann mit nichts aufgewogen werden. Sie würde alles machen, damit ihr Kind glücklich und zufrieden ist. Genau das ist wahre Liebe! Liebe ist wahres Einssein, Freude und Fülle pur.

Durch die Illusion des Ichs haben wir uns von unserem wahren Selbst wegkatapultiert und vergessen, was wir wirklich sind. Das gilt es zu erforschen und zu entdecken. Allerdings ist dieser duale Zustand so tief in uns verankert, dass wir das, was das Leben uns ständig schenken möchte, gar nicht mehr erkennen können. Wir sind im wahrsten Sinne des Wortes blind und taub geworden für die Freude und Fülle des Lebens. Doch wenn wir uns für die uns umgebende Schönheit öffnen, wird sich uns eine ganz neue Wahrnehmung erschließen, eine neue sensible Einsicht. Sie lässt uns unser Umfeld und alle damit zusammenhängenden Dinge umfassender wahrnehmen.

Öffnen wir uns so wie ein Kleinkind für die unermessliche Schönheit kindlicher Freude und lebensspendender

Fülle im allgegenwärtigen Hier und Jetzt, dann können wahrlich Wunder geschehen. Es findet eine rasante Neuorientierung in uns statt, und damit ist der Same für eine neue Epoche gelegt. Allerdings gilt es sehr vorsichtig zu sein, es nicht an die große Glocke zu hängen und den Samen still keimen zu lassen.

Und wenn dann das kleine Pflänzlein schließlich hervorbricht, soll es mit aufbauenden, liebevollen, ehrlichen Gedanken und Gefühlen gut bewässert werden, damit eines Tages eine starke, widerstandsfähige Pflanze daraus hervorgehen kann. Sind wir bereit für wahre Freude und Fülle? Bevor wir ihr nicht begegnen oder, besser gesagt, sie nicht wieder zum Leben erwecken, wird sie uns vorenthalten bleiben. Was können wir tun? All das, was ein Lebenskenner tut, der ein echter Alleskönner ist.

> Verschieben Sie die Freude nicht auf morgen.
> Schauen Sie hin, wo sie sich jetzt erhebt oder
> versteckt und haben Sie Geduld.

Da wir Menschen resonanzfähige Gefäße sind, ist es augenscheinlich, dass wir immer das anziehen, was wir im Moment benötigen. Ob wir es jedoch auch wollen, das ist eine andere Sache. Deshalb hören wir am besten sofort damit auf, etwas zu bevorzugen oder abzulehnen. Denn dann kann uns die Fülle des Lebens beehren, und sie ist gerne unser Gast.

Erst wenn wir die Leere in der Fülle sehen, erkennen wir auch die Fülle in der Leere. Entleeren wir uns also von allem unnötigen Ballast, den wir im Kopf herumtragen, wie zum Beispiel etwas haben, besitzen oder noch mehr haben zu wollen. Wir haben so viel, und es geht uns so gut. Wenn wir mit dem schon unzufrieden sind, wie sieht es dann aus, wenn wir noch mehr haben? Je mehr man hat, desto gebundener und abhängiger wird man. Weniger ist mehr. Wer reduziert lebt und darin sein Glück erkennt, der ist ein wahrer Lebenskenner.

Die meisten Menschen erkennen erst, wie viel Sie haben oder hatten, wenn alles verschwunden ist. Deshalb sind eine Pleite, ein Konkurs oder ein finanzieller Verlust so fruchtbar und hilfreich, weil wir dadurch die Chance bekommen, das Wesentliche als Reichtum zu erkennen. Natürlich brauchen wir gewisse Dinge zum Leben, auch Geld. Dagegen ist nichts zu sagen. Es ist gewissermaßen notwendig. Doch wenn Sie alles das, was Sie nicht zum Überleben benötigen, heute noch verschenken würden, was würde wirklich bleiben? Überlegen Sie sich bei jeder Neuanschaffung gut, ob Sie es wirklich brauchen oder nur haben wollen. Sie können sich natürlich etwas gönnen.

> Gönnen Sie sich doch einmal Zeit mit sich selbst.
> Am besten gleich mehrere Stunden am Stück,
> ganz ohne Gesellschaft, Beschäftigung und Eile.

Was ist Fülle? Das sieht natürlich jeder anders. Je nach individueller Erfahrung wird dieser Begriff entsprechend anders empfunden.

Und was verstehen Sie unter dem Wort Fülle?

_____

_____

_____

_____

_____

_____

_____

_____

_____

Einige wesentliche Aspekte müssen jedoch noch geklärt werden:

- Fühlen wir uns wertvoll genug, so dass Fülle überhaupt zu uns kommen kann?
- Denken, sprechen und handeln wir so, dass wir Fülle anziehen?
- Glauben wir, dass genug für alle da ist?
- Gönnen wir auch dem Nächsten das Allerbeste?
- Welche Glaubenssätze schwirren in uns herum in Bezug auf Reichtum, Freude und Fülle?

Sie können sich diese Fragen selbst beantworten, wenn Sie möchten – auch aufschreiben, um sie zu einem späteren Zeitpunkt noch einmal zu überprüfen. Das kann sehr hilfreich sein, um klarer zu sehen und seine eigene Veränderung beobachten zu können.

Natürlich sind das nur einige von vielen Fragen, die wir vorab in uns klären dürfen, wenn wir uns mit diesem sehr wichtigen und heiklen Thema auseinandersetzen. Findet diesbezüglich eine authentische Innenschau statt, woraus die notwendigen Einsichten und Klärungen hervorgehen, werden wir mit Leichtigkeit erkennen, wo der Mangel liegt.

Freuen Sie sich, dass Sie sich jetzt die Zeit nehmen, herauszufinden, was Freude und Fülle ist!

Es ist wichtig, sich damit auseinanderzusetzen, denn wie sonst können wir die inneren, begrenzenden und einengenden Zustände erlösen und überwinden? Erst wenn wir erkennen, dass sie auch in uns gegenwärtig sind, werden sie sich wandeln. Meistens sehen wir sie nur bei den anderen, dabei sind es Spiegelungen unserer eigenen Grenzen und Begrenzungen.

Freude und Fülle gibt es nicht zu kaufen, da es sich um subjektive Eigenschaften handelt. Und sie sind nicht manifest, das heißt, dass etwas in uns ein Gefühl erzeugt, das uns diese Eigenschaften vorgaukelt. Wenn Freude kommt und geht, ist es nicht die eine Freude. Die eine Freude ist das, was wir in Wahrheit sind. So ist es auch mit der Fülle. Beide können weder willentlich erzeugt noch eingeübt werden. Natürlich kann man Freude erzeugen, indem man einer Vorliebe frönt. Aber kaum da, ist sie schon wieder verschwunden. Ein deutlicher Beweis dafür, dass es sich nicht lohnt, sich ausschließlich um die vergänglichen Dinge des Lebens zu kümmern.

Das, was wir suchen, ist »Hier«

Freude ist nicht, im Lotto zu gewinnen, ein neues Auto zu kaufen oder in ein Haus zu ziehen. Das mag freudvolle Gefühle bescheren, aber diese Gefühle sind abhängig von den Umständen. Wenn man Emotionen hat, die durch äußere Umstände hervorgerufen werden, dann ist es nicht die wirkliche Freude, die wir tief in uns fühlen.

Ein Sprichwort sagt: »Wer Geld nachläuft, muss gut zu Fuß und schlecht bei Verstand sein«, oder auch: »Wie gewonnen, so zerronnen.« Wie wahr! Also legen wir als Allererstes die Quelle der Freude und Fülle in uns frei. Und wenn sie dann wieder bewusst und kontinuierlich fließt, dauert es nicht mehr lange, und sie wird wahrlich sprudeln. Sie werden staunen, wie sich das Leben verändern kann. Immer freudvoll und zufrieden durch den Tag zu gehen, egal wie das Leben sich zeigt? Das ist kein Wunder oder Märchen, sondern unser Geburtsrecht, das wir uns schnellstmöglich, und zwar umgehend, wieder aneignen sollten. Dies geschieht durch Aufmerksamkeit und Zuwendung, durch Einsicht und Innenschau.

Tun wir das, sind wir reif geworden für die Fülle, und das im wahrsten Sinne des Wortes! Freude ist das, was wir sind, ohne etwas Besonderes zu sein. Ein jedes Wesen ist die Freude an sich, sonst wäre es nicht hier. Also seien wir freudvolle und erfüllte Menschen, die das Leben lieben, wie auch immer es sich in diesem Augenblick zeigt.

Jedes Tier ist Freude und Fülle für sein Frauchen oder Herrchen, ohne etwas zu tun. Es ist einfach nur da. Wie schön ist es und welche uneingeschränkte Freude und Fülle bereitet es, indem es einfach nur hier ist. Es bereichert das Leben der Menschen auf unglaublich warme, liebevolle Art und Weise. Was wäre ein Leben hier auf Erden ohne die Tiere? Wie Jesus schon sagte: »Sehet die Vögel unter dem Himmel an. Sie säen nicht, sie ernten nicht, sie sammeln nicht in die Scheunen; und euer himmlischer Vater nährt sie doch.«

Ein Lebenskenner ist ein Lebenskünstler, weil er das Leben meistert. Er ist ein Meister seines Fachs, weil er sich als dieser erkennen konnte. Er liebt sein Umfeld, so wie er sich selbst liebt, und darin gibt es für ihn keinen Unterschied. Er handelt den Mitmenschen gegenüber so, als wäre er diese selbst. Das heißt, er gibt sich selbst, indem er den anderen gibt, weil er sich selbst im anderen erkannt hat. Es mag unterschiedliche Körper geben, doch das sind wir nicht. Wir sind ein und dasselbe Bewusstsein, welches immer und überall vorhanden ist. Es wird nie weniger oder mehr, und es verändert sich nie! Es ist das Gleichbleibende, das wir sind. Der Körper ist unser Werkzeug. Wir sind das, was dieses Werkzeug bewohnt, und wir benötigen es, um uns zu erkennen.

Wie soll sich Energie ohne einen Körper fortbewegen oder entdecken können? Der Weg geht über die sichtbare Materie, die nicht nur hilfreich, sondern auch notwendig ist. Deswegen sind das Ego und das Denken, die uns immer wieder Mal im Weg stehen, Freunde und nicht unsere Feinde, die wir bekämpfen sollen. Wir können sie dulden und nutzen. Gehen wir mit ihnen den Weg gemeinsam und machen wir sie zu unseren Verbündeten.

Bewerten wir sie aber nicht über und halten wir sie an der Leine stets kurz. Alles hat seinen Platz an seiner Stelle, sonst wäre es nicht hier.

Es gibt nichts, was im Leben schief läuft, schlecht ist oder verbessert werden muss, wenn wir endlich die Einsicht gewinnen, dass es unsere Sichtweise ist, welche die Dinge erst zu dem macht. Warum? Weil wir sie so sehen und als solches bezeichnen.

Jesus sagte: »Liebe deinen Nächsten wie dich selbst.« Also fangen wir endlich an, uns selbst zu lieben.

Reichen wir uns selbst die Hand und vergeben wir uns. Nur dann können wir auch unserem Nächsten vergeben. Fehler zu machen ist menschlich. Anderen und sich selbst Fehler zu vergeben ist sogar sehr menschlich. Wenn wir das aus aufrichtigen Herzen heraus können und tun, leben wir in grundloser Freude und segenreicher Fülle.

Nachwort

Der Lebenskenner und Alleskönner als Sender und Empfänger

Wir helfen niemandem, wenn wir alles, was wir sehen, bereden, kritisieren, bemängeln, verurteilen und beurteilen. Ganz im Gegenteil! Damit schaden wir uns selbst am allermeisten. Leider ist das den Menschen nicht bewusst. Wenn wir im Hier und Jetzt erwachen, dann sehen wir das ganz klar und hören damit auf und sind öfter mal still.

Wenn uns jemand etwas fragt, können wir das gerne beantworten.

Doch sollten wir uns nicht aufdrängen. Wie wollen wir wissen, was für den anderen gut sein soll? Vielleicht ist es gerade der Schmerz, die Pleite oder die Ehekrise, die er eben erlebt und die er benötigt, um zur Einsicht zu kommen? Wollen Sie wirklich helfen, dann sagen Sie vorerst am besten nichts und hören sie einfach nur zu. Die Zunge im Zaum zu halten, ist ein unumgänglicher Schritt, wenn man als Lebenskenner oder Lebenskünstler alles kann.

Wahre Lebenskenner sind meist unauffällige, schweigsame und tiefsinnige Menschen, die weise und achtsam mit allem und jedem umgehen. Sie prahlen nicht mit ihren Fähigkeiten und sind dadurch im Wesentlichen zu Hause. Sie *sind* das Wesentliche und verwenden Ihre Worte nur sparsam. Sie haben erkannt, dass das, was sie sehen, nur sie selbst sind. Wenn ein solcher Lebenskenner bemängelt, kritisiert, verurteilt und beurteilt, fällt es nur auf ihn selbst zurück. Er kann den anderen so lassen, wie er ist. Er weiß, dass wahre Hilfe von innen kommt, und deshalb reagiert er auf die Bewegungen der Welt nicht unnötig.

Warum sollte man sich einmischen oder ärgern? Wem dient es? Haben Sie sich das auch schon einmal gefragt? Nein? Dann ist *jetzt* der richtige Augenblick dafür! Mit unseren gutgemeinten Ratschlägen und Vorschlägen versetzen wir den anderen wirklich einen unsichtbaren Schlag. Und der trifft irgendwann auch uns. Somit schaden wir uns nur selbst, wenn wir uns einmischen, und richten damit einen großen Schaden in der Welt an.

Man könnte es auch mentale Umweltverschmutzung nennen, die immer auf den Absender zurückfällt. Ist das nicht paradox? Stellen Sie sich vor, man würde alle Gedanken sehen und spüren können. Ihnen würde nicht nur schlecht werden, Sie würden vor Schreck und Negativität wahrscheinlich umfallen und nicht mehr erwachen. Ja, Gedanken sind enorme Kräfte, und Worte noch viel mehr. Deshalb wählen wir ab *jetzt* unsere Worte mit Bedacht. Seien wir einfach jeden Augenblick in der Achtsamkeit. Das ist wirklich wichtig und lässt uns bewusster sein.

Und wenn wir aufhören, unbewusste Gedanken und Worte auszusenden, dann kommen allmählich auch keine unbewussten Wirkungen mehr zu uns zurück. Wir alle sind immer in Resonanz mit allen Lebewesen auf der Erde. Welche Resonanz zu uns zurückkommt, hängt daher von unseren inneren Glaubenssätzen, Glaubensmustern, Einstellungen und Urteilen ab. Machen wir uns dies einmal bewusst und verinnerlichen wir es.

Wie kann uns zum Beispiel finanzieller Reichtum heimsuchen, wenn wir ein Glaubensmuster in uns tragen, welches besagt, dass viel Geld zu haben für uns unerreichbar ist oder wir nicht gut genug sind?

Ja, wir sind im wahrsten Sinne des Wortes Sender und Empfänger. Nur haben wir das leider vergessen, denn sonst würden wir nicht in so einem Dilemma stecken. Vor über zweitausend Jahren hat Jesus Christus schon gesagt: »Wer da hat, dem wird gegeben, dass er die Fülle habe; wer aber nicht hat, dem wird auch das genommen, was er hat.«

Für den bewussten Menschen gibt es keine Grenzen. Der unbewusste Mensch schafft es, sich wie durch ein Wunder jeden Augenblick neu zu erschaffen. Doch ist dies kein Wunder, sondern ein Ergebnis seines unbewussten Soseins. Er ist sich nicht bewusst, dass er sich durch Vorstellungen Grenzen erschafft und sich diese erdenkt und selbst auferlegt.

Wer bereit ist, endlich zum wahren Lebenskenner zu erwachen, überwindet vor allem seine inneren, selbsterschaffenen Grenzen. Erst wenn wir bereit dazu sind, diese starren Mauern in Form von Vorstellungen, Konzepten, Gewohnheiten, Konditionierungen, Traditionen, Bräuchen und dergleichen mehr niederzureißen, zu überwinden und hinter uns zu lassen, kann Leben fließen. Dadurch werden gleichzeitig viele alte unnötige Blockaden, Verhaltensformen, Programme und Muster mit hochgeschwemmt.

Erleichterung kehrt ein. Spontanität erfüllt unseren Alltag, was ihn schließlich zum All-Tag werden lässt, und zwar jeden Tag aufs Neue. So war es schon immer und ewig gedacht. Leben, wahres Leben findet immer nur im Hier und Jetzt statt. Das kann man in der Natur ganz klar erkennen. Die Pflanzen nehmen sich sicher nicht vor, dass sie morgen blühen oder wachsen. Sie richten sich einfach der Sonne nach aus. Sie wenden sich Richtung Licht!

Und genau das ist das, was auch wir tun sollten! Da aber viele Menschen nicht wissen oder erahnen, wo ihr Licht ist, vergessen sie auch das Ausrichten. Sie richten sich nach Problemen aus, bleiben in der Vergangenheit, Ideen und Vorstellungen kleben und zermürben den Tag mit zerstörerischem Gedankengut. Daraus kann kein Wachstum entstehen!

* * *

Haben Sie die Pflanzen schon einmal genauer beobachtet? Manche wachsen sogar durch Beton hindurch oder ragen wie selbstverständlich auf einem Felsvorsprung auf, wo es nicht einmal genug Erde zu geben scheint. Ihr Drang nach Leben und Licht ist so stark, dass sie darauf keine Rücksicht nehmen.

Nehmen auch Sie keine Rücksicht auf Gedanken, die Sie binden, zurückhalten und einengen wollen. Tun Sie so, als ob es sie niemals gegeben hätte. Sie kommen und gehen, aber um Himmels Willen, halten Sie sie nicht fest. Dieses Verhalten fixiert. Es formt das, was Sie als Ihre Realität bezeichnen.

Menschen bauen Brücken, Häuser und alles Mögliche.
Manchmal kann die Naturgewalt dann in nur wenigen Au-
genblicken alles zugrunde richten. Sehen wir es nicht als
Katastrophe an, sondern als Vorzeigebeispiel für unser
Leben. So wie die Naturgewalten alles niederreißen können,
so können auch wir mit der Kraft des Geistes all unsere
inneren Grenzen durchbrechen.

Wir bauen hier so feste und sind doch hier nur
Gäste. Doch wo wir werden ewig sein, da richten wir uns wenig ein.

John Henry Newman

Kurt Tepperwein, einer der bekanntesten deutschen
spirituellen Lehrer, wurde 1932 in Bad Lobenstein geboren,
einer kleinen Stadt mit Rittersitz im Thüringer Schieferge-
birge auf dem Verbindungsweg von Leipzig nach Bamberg.
Nach langjähriger Tätigkeit als Unternehmensberater und
Heilpraktiker widmete er sich voll und ganz dem Mysterium
Leben. Er studierte Kulturen und Philosophien an vielen

Orten der Welt und auf verschiedenen Kontinenten. Als Bewusstseinsforscher, Seminarleiter und Autor sieht er seine Aufgabe darin, mit Authentizität und Hingabe seine wertvollen Erkenntnisse an spirituell Interessierte und nach dem Lebenssinn suchende Menschen weiterzugeben. Seine Fähigkeit, Menschen zu begeistern und zu faszinieren, hat er sich nicht erst aneignen müssen, sie ist auch nicht antrainiert, sondern beruht auf eigenen Erfahrungen.

Wie kaum ein anderer versteht er es, die materielle und geistige Sicht der Dinge zu umfassen und in einer harmonischen Ganzheit zu betrachten. Davon zeugen seine mehr als 80 Bücher, die teilweise längst zu Klassikern der Erfolgsliteratur geworden sind. Mit seinen Kompakt-Ausbildungslehrgängen beispielsweise zum Lebens-, Intuitions-, Mental- oder Kausal-Berater erreicht er schon seit Jahren als Coach und Trainer nicht nur Topmanager und Spitzensportler, er spricht mit seinem lebensbejahenden und natürlichen Wesen auch jeder Altersgruppe und Berufsgruppe aus dem Herzen. Sein Hauptinteresse bei der Vermittlung von Wissen gilt dabei dem Lebensthema Nr. 1 – »Zufriedenheit und Erfüllung im Alltag zu erfahren«.

Begleitend zum vorliegenden Buch erschienen
die DVD »Jetzt den Augenblick leben!«
über das bewusste Manifestieren der Geistigen Gesetze
und die Meditations-CD »Jetzt das Leben verändern!«
mit Musik von Sayama.